A SOCIEDADE
INFORMÁTICA

DAM SCHAFF

A SOCIEDADE INFORMÁTICA

AS CONSEQUÊNCIAS SOCIAIS DA SEGUNDA REVOLUÇÃO INDUSTRIAL

Tradução:
Carlos Eduardo Jordão Machado
Luiz Arturo Obojes

editora brasiliense

Copyright © by Club of Rome e Europa Verlag GmbH, 1985

Título original em alemão: Wohin führt der Weg

*Nenhuma parte desta publicação pode ser gravada, armazenada
em sistemas eletrônicos, fotocopiada, reproduzida por meios mecâ-
nicos ou outros quaisquer sem autorização prévia do editor.*

1ª edição, 1990
9ª reimpressão, 2016

Diretora Editorial: *Maria Teresa B. de Lima*
Revisão: *Heliomar Andrade Ferreira*
Capa e Diagramação: *Formato Editoração e Serviços*
Coordenação de Produção: *Laidi Alberti*

Dados Internacionais de Catalogação na Publicação (CIP)
(Câmara Brasileira do Livro, SP, Brasil)

Schaff, Adam, 1913-
   A sociedade informática: as consequências sociais da segunda revolução
industrial / Adam Schaff; tradução Carlos Eduardo Jordão Machado e Luiz Arturo
Obojes. – 4. ed. – São Paulo: Editora da Universidade Paulista: Brasiliense, 1995.
   Título original: Wohin führt der Weg

   ISBN 978-85-7139-094-0 (Unespe)
          978-85-11-14081-1 (Brasiliense)

   1. Ciência – Aspectos sociais 2. Informática – Aspectos sociais 3. Inovações
tecnológicas – Aspectos sociais 4. Previsão do futuro 5. Tecnologia – Aspectos
sociais I. Título.

95-1783   CDD-303.483

Índices para catálogo sistemático:

1. Informática: Aspectos sociais: Sociologia 303.483
2. Inovações tecnológicas: Aspectos sociais: Sociologia 303.483
3. Tecnologia: Mudanças sociais: Sociologia 303.483
4. Tecnologia e cultura: Sociologia 303.483

Editora Brasiliense
Rua Antônio de Barros, 1720 – Tatuapé
CEP 03401–001 – São Paulo – SP – Fone (11) 3062.2700
E-mail: comercial@editorabrasiliense.com.br
www.editorabrasiliense.com.br

SUMÁRIO

Apresentação 7

Prefácio 9

A sociedade informática 15

Declaração de intenções (a título de introdução) 17

PRIMEIRA PARTE
As consequências sociais da atual revolução técnico-científica 21

1 Condições iniciais: as três revoluções técnico-científicas 23

2 Mudanças na formação econômica da sociedade 29

3 Mudanças na formação social da sociedade 43

4 Mudanças na formação política da sociedade 55

5 Mudanças na formação cultural da sociedade 73

6 Observações sobre a especificidade dos países do Terceiro Mundo 87

SEGUNDA PARTE
O indivíduo humano e a sociedade informática 99

7 Indivíduo e Sociedade 105

8 O homem à procura do sentido da vida (*homo studiosus – homo universalis*) 117

9 O homem à procura de um estilo de vida (*homo laborans – homo ludens*) 131

10 O homem à procura de um sistema de valores 141

Epílogo: Qual utopia se realizará? 151

Sobre o autor 159

APRESENTAÇÃO

O pensador Polonês Adam Schaff, conhecido por trabalhos sobre a questão da subjetividade no pensamento contemporâneo, sobre questões de linguística e de conhecimento, em *A Sociedade Informática* volta-se para o que chama de "futurologia" sociopolítica, descartando qualquer exercício de "futurologia especulativa".

Em face do impacto das novas tecnologias sobre o conjunto da vida social, a pergunta fundamental que ele busca responder é "que futuro nos aguarda?". Como explicar, por exemplo, o aparente paradoxo da ocorrência de um intenso surto de religiosidade, quando o progresso das ciências apontava justamente para o seu declínio?

Afastando-se de um enfoque ideologicamente comprometido, e numa linguagem dirigida a um público amplo, Schaff busca respostas e soluções alternativas para os problemas derivados da grande revolução fundada na informática, na microeletrônica, na biotecnologia. Seu ponto de referência é a modernidade, entendida não ao nível das determinações dos discursos, mas como um conjunto de práticas efetivas que nos próximos vinte ou trinta anos afetarão todos os homens.

Num momento em que a informatização generalizada firma-se na vida moderna – inclusive no Brasil – em que a robótica e os demais avanços tecnológicos tornam palpável o prenúncio de um expressivo desemprego estrutural e de uma radical alteração das formas do trabalho, a reflexão de Adam Schaff funciona como um alerta e, sobretudo, como um convite para que se busque, com lucidez e determinação, uma interferência ativa na construção do futuro.

PREFÁCIO

O Clube de Roma tornou-se conhecido graças à publicação, no decorrer dos últimos doze anos, de uma série de onze relatórios sobre problemas mundiais, dos quais o primeiro foi o conhecido *Limits to Growth* (*Limites do Crescimento*). Todos os volumes apareceram sob a forma de relatórios *ao* e não *do* Clube de Roma. A razão desta distinção é importante. Somos um grupo formado por cem pessoas procedentes de diferentes países e experiências; nosso grupo conta com cientistas e humanistas, industriais do Ocidente e eruditos do Terceiro Mundo, capitalistas e marxistas. Embora todos estejam ligados por uma preocupação comum com o futuro da humanidade e não seja difícil chegar a um acordo sobre quais são os problemas que mais reclamam uma urgente e ampla discussão pública, temos, inevitavelmente, concepções diversas quanto ao modo de resolvê-los. Por isso, em geral, não procuramos chegar a um consenso, limitando-nos a analisar e a apresentar em profundidade as questões, evitando assim que o tom dos argumentos seja suavizado e que acabe por perder toda incisividade.

É nossa intenção continuar a publicar outros relatórios sobre questões de grande interesse mundial: o próximo será um estudo de Elizabeth Mann Borgese sobre o futuro dos oceanos. Estes relatórios baseiam-se de modo geral em estudos realizados por membros do Clube ou encomendados a especialistas externos, o que ocorre sempre por iniciativa do comitê executivo. A perspectiva, em cada caso particular, deve ser a de apresentar análises de situações ou problemas que busquem influenciar a política através da elevação da opinião pública, estimulando assim a ação política.

Um dos principais conceitos do Clube de Roma é o que chamamos de problemática mundial – os problemas da sociedade contemporânea constituem um emaranhado tal de questões interagentes que não podem ser enfrentados e resolvidos de forma singular e isolada. A tragédia das massas famintas de alguns países africanos, por exemplo, é um assunto complexo, que envolve questões políticas, econômicas, técnicas, ecológicas e sociais. Ela está longe de ser apenas consequência de um desastre ecológico: é o resultado da superpopulação, da escassez de produtos primários em consequência de secas precedentes que provocaram a desertificação da terra, da falta tanto de uma infraestrutura suficiente quanto de uma boa política de reabilitação e, sobretudo, da contínua e humilhante pobreza que impede a recuperação. Relações tão complexas quanto estas se estabelecem em muitas outras situações como, por exemplo, no abastecimento de energia, no desaparecimento das florestas tropicais, na explosão demográfica, na degradação do meio ambiente, na disponibilidade mundial de produtos alimentícios, na disponibilidade de água, para citar apenas algumas. Um dos principais serviços que o Clube de Roma pode prestar consiste em identificar e, se possível, quantificar todas estas correlações existentes no interior da problemática mundial. Com esta finalidade, esperamos poder apresentar, de tempos em tempos, estudos que objetivem não tanto dar indicações de caráter político, mas esclarecer os fatores que operam nos vários aspectos ainda ignorados desta problemática. Estes estudos serão publicados em uma segunda série de relatórios sob o título *The Club of Rome Information Series – Contributions to the Understanding of the World Problematique* (*Série de Informação do Clube de Roma – Contribuições para a Compreensão da Problemática Mundial*). O presente volume é o primeiro desta série.

Um dos mais recentes relatórios ao Clube de Roma foi o estudo intitulado *Microeletronics and Society – for Better or for Worse* ("Microeletrônica e Sociedade – para Melhor ou para Pior"), editado por Adam Schaff e Gunther Friedrichs e publicado em 1982. No epílogo deste livro, Adam Schaff expunha suas opiniões sobre as consequências sociais que esta nova tecnologia teria a longo prazo, particularmente sobre o trabalho e o tempo livre, e também aludia de modo especial às possíveis consequências para a educação. Em *As Consequências Sociais da Segunda Revolução Industrial*, que aqui

PREFÁCIO

apresentamos, o autor volta a tratar do mesmo tema, aprofundando e ampliando as suas reflexões. *Microeletrônica e Sociedade* continha uma mensagem fundamental tanto para aqueles que tomam decisões quanto para o público informado. O livro enfatizava as excepcionais potencialidades desta tecnologia para o bem-estar e a prosperidade do gênero humano, mas, ao mesmo tempo, chamava atenção para as muitas dificuldades que surgiriam inevitavelmente e para a necessidade de uma transformação radical da sociedade de modo que estas potencialidades pudessem ser plenamente aproveitadas. Era essencialmente um apelo aos governos para que encarassem o futuro, a fim de identificar os problemas antes que estes atinjam um nível crítico e de fazer uso, com o apoio de um público informado, das oportunidades oferecidas pelas novas tecnologias, de modo a configurar, deliberada e conscientemente, uma sociedade melhor, em lugar de tentar passivamente um simples ajuste *post facto*, tardio, às suas consequências.

Sendo esta a mensagem, parece-nos inútil repeti-la sob outra forma. Contudo, é extremamente necessário aprofundar algumas reflexões e ampliar certas considerações. Este é o objetivo do presente volume, que não é prioritariamente um documento político, no sentido antes mencionado, mas uma reflexão e uma especulação sensata, que pretende estimular uma preocupação mais funda com a questão da natureza da sociedade emergente, dominada pela nova onda tecnológica, e fazer com que outros estudiosos e o público informado tenham uma ideia melhor do tipo de mundo que eles e seus filhos desfrutarão e padecerão nos próximos anos. No presente livro, a preocupação do autor ultrapassa as considerações sobre emprego e ocupação do seu ensaio anterior; ele aborda os campos da educação e da cultura, realiza reflexões sobre o estilo de vida e o cultivo de um "sentido da vida"; especula de maneira muito interessante a influência dos novos desenvolvimentos sobre o pensamento religioso e a atração que a religião exerce sobre o indivíduo; discute em seguida, agudamente e de modo inquietante, as estruturas políticas do futuro.

O professor Schaff é um dos mais proeminentes pensadores da escola marxista; é, portanto, inevitável que aborde o tema dos efeitos das novas tecnologias a partir de uma perspectiva e com muitas referências marxistas. Alguns leitores poderão ficar surpresos com o fato do Clube de Roma estar sancionando a publicação de um trabalho deste tipo. Na realidade, o contrário é que deveria surpreender, o fato de um grupo declaradamente internacional, com representantes de tantas culturas e ideologias, ter até hoje publicado tantas obras com um enfoque conceitual basicamente ocidental. Na realidade, há no livro uma ausência total de dogmas e de rigidez doutrinária. A maior e mais agradável surpresa que a obra provocou em um não marxista como eu foi a de ter constatado que as conclusões a que chega Schaff coincidem inteiramente com as minhas, mesmo partindo de premissas diferentes.

O autor é fundamentalmente um otimista. Ele parte, ou melhor, tem de partir da hipótese de que não haverá catástrofe nuclear. Sustenta, por outro lado, que a automação da produção e dos serviços levará a um considerável enriquecimento da sociedade, e que esta riqueza ao final será distribuída, seja qual for o sistema político, com um grau de equidade que garantirá uma opulência geral nas sociedades industrializadas. Com efeito, o autor acena com a possibilidade de que a opulência substitua a religião como o "ópio do povo". Do mesmo modo, o professor Schaff prevê que no prazo de vinte ou trinta anos o trabalho manual desaparecerá, assim como terá desaparecido o proletariado no sentido tradicional da palavra. Tudo isto poderá ocorrer em um tempo maior do que ele prevê, mas a perspectiva existe e poderá gerar uma mudança profunda nos sistemas políticos, nos sistemas sociais e nos sistemas educacionais, tanto nos países marxistas quanto nos países capitalistas. Todavia, o autor adverte que, com o desaparecimento das estruturas de classe tal como existem hoje, é provável que surjam novos tipos de estratificação social, por exemplo entre os que sabem e os que não sabem, e novas alianças entre, por exemplo, os cientistas, os militares e os governantes. Será necessário estar muito atento a tudo isto.

Um dos aspectos mais estimulantes deste livro é o estudo da influência que a nascente sociedade da informação terá nas estruturas do poder e da evolução política geral. No que se refere a esta influência, os países capitalistas e marxistas são estudados separadamente. No que diz respeito aos primeiros, o professor Schaff tende a acreditar no advento de uma forma de capitalismo delimitado e aberto, mas parece de certo modo alarmado com a perspectiva das empresas multinacionais conquistarem não apenas o monopólio da informação, mas também a capacidade dominante para a exploração desta. Os avanços da microeletrônica tornarão possível o surgimento de uma democracia verdadeira com uma ampla descentralização do poder e das decisões políticas, com a descentralização da produção e um incremento da responsabilidade e da liberdade individuais no interior do contexto social. Mas ao mesmo tempo podem representar os instrumentos do poder e da sua conservação, conduzindo a ditaduras fortemente centralizadas e totalitárias do tipo "Big Brother" de Orwell. Logo nos veremos diante de uma encruzilhada em que ambas as alternativas possíveis se apresentarão diante dos nossos olhos como plausíveis e aparentemente razoáveis. Uma é a que poderia se revelar como rua de mão única para o totalitarismo; a outra, ao contrário, é a que leva à verdadeira democracia. Chega-se às mesmas conclusões, embora com argumentos distintos, com relação às sociedades socialistas. Esta poderia, portanto, ser uma leitura interessante tanto para a Casa Branca quanto para o Kremlin. Podem-se facilmente imaginar discussões intermináveis sobre como conservar a ditadura do proletariado no momento em que o proletariado não existe mais.

O livro inclui um interessante capítulo sobre aqueles países situados no amplo espectro de condições e níveis que constitui o chamado Terceiro Mundo. Todavia, percebe-se a necessidade de uma atenção cada vez maior aos problemas que surgirão nas próximas décadas em consequência do atual e sempre crescente aumento da população no planeta. No início do próximo século, mais de oitenta por cento da população mundial residirão no Terceiro Mundo; daí derivarão fortes pressões demográficas, que poderão levar a migrações em massa e a outros fenômenos que poderiam destruir os melhores planos dos países hoje industrializados. Não será possível, portanto, reestruturar as sociedades industrializadas na sua opulência se não se verificarem, *paripassu*, mudanças fundamentais no sistema mundial, mudanças que atenuem a pobreza das massas não compreendidas na minoria industrializada, favorecendo assim um certo grau de harmonia mundial; no entanto, é difícil imaginar hoje como tudo isso poderá ocorrer sem uma certa erosão das ilhas de opulência. Trata-se de uma questão fundamental que o livro levanta, embora ultrapasse em muito sua esfera de interesse e que, evidentemente, o Clube de Roma não poderia ignorar.

As considerações filosóficas da última parte do livro não são certamente menos importantes que as sociopolíticas precedentes. Também neste caso as opções são múltiplas. A sociedade da informação pode seguramente fornecer condições propícias para se alcançar a realização pessoal em uma escala sem precedentes. Por outro lado, a menos que se recorra ao empenho e à imaginação para atender às necessidades humanas puramente materiais, podemos facilmente criar o tédio, a alienação e o vazio existencial do qual podem surgir tantos males sociais. É fácil compreender a preocupação de Adam Schaff pelo "sentido da vida" e por outros valores, e é interessante ver um marxista prevendo um crescente interesse pela religião e pelas atividades espirituais, embora provavelmente não se trate de um interesse de tipo tradicional. Homens e mulheres de todas as idades e culturas têm uma preocupação profunda com o significado e a finalidade da existência. A evolução do pensamento científico aumenta o mistério, enquanto a tecnologia contemporânea, que nos circunda no cotidiano, nos força a recordar tanto as conquistas da inteligência humana quanto a nossa transitoriedade sobre esta terra e a falta de uma sabedoria plena. Não é de surpreender, portanto, um crescimento do interesse pelas especulações sobre o enigma da vida.

A mística do computador está se evaporando, e este é visto pelas novas gerações como um instrumento da cotidianidade, ordinário, essencial e útil. É tempo, portanto, do significado social destes progressos ser levado a sério e estudado por aqueles que dirigem a sociedade. O presente livro deveria servir de estímulo neste sentido.

Paris, janeiro de 1985.

ALEXANDER KING
Presidente do Clube de Roma

A sociedade informática

DECLARAÇÃO DE INTENÇÕES
(a título de introdução)

O presente livro se ocupa de futurologia sociopolítica, mas trata de um futuro não muito distante: os próximos vinte ou trinta anos. Uma tal visão do futuro é muito arriscada, porque todas as teses que se formulem poderão ser rapidamente verificadas. Mas este restrito período de referência permite, ao mesmo tempo, que se evitem as armadilhas da futurologia especulativa e exige do autor a justificação concreta de sua visão do futuro. Isto, em compensação, facilita ao leitor não apenas a compreensão mas também a verificação do raciocínio do autor.

A pergunta "que futuro nos aguarda?", especialmente quando se refere às dimensões sociais do desenvolvimento, envolve massas de pessoas cada vez maiores em todo o mundo. O fator que estimula esta pergunta é sem dúvida o medo. Todas as pessoas pensantes do mundo percebem que nos encontramos diante de uma mudança profunda, que não é apenas tecnológica, mas abrange todas as esferas da vida social. Em vista das alarmantes manifestações deste processo – o perigo da guerra, as depressões econômicas e o desemprego – coloca-se esta urgente pergunta: para onde e para o que nos leva esta mudança? Em consequência do declínio das ideologias tradicionais e dos sistemas de valores a elas relacionados, que se transforma frequentemente em verdadeira crise, as pessoas se veem cada vez mais tomadas pelo pânico diante das respostas inseguras dadas a esta pergunta. Isto explica, entre outras coisas, o renascimento da fé religiosa nas suas mais diferentes formas, que se assemelha, eu diria, a uma fuga da incerteza e do medo para o conforto da religião, e tudo isto em um momento em que, seria possível supor, o turbulento avanço da ciência deveria colocar a religião cada vez mais no ostracismo.

Este livro se ocupa, portanto, da questão "que futuro nos aguarda?". Seu intento não é, obviamente, dar a ela uma resposta categórica, o que seria no mínimo pouco razoável, mas formular do modo mais preciso possível todos os problemas ligados a esta pergunta, a fim de ressaltar suas prováveis implicações, e, se possível, indicar as soluções alternativas. Finalmente, o conteúdo destas páginas deve ser considerado como uma simples exposição dos problemas existentes, e as soluções sugeridas devem ser entendidas como simples hipóteses. A tarefa é, portanto, modesta, mas não deixa de ser importante.

Minha intenção é atingir um amplo número de leitores e por isso procurei evitar duas armadilhas a que se está sujeito quando se analisam os problemas que acabo de assinalar.

A primeira armadilha consiste em tratá-los de um ponto de vista exclusivamente científico. Muitos problemas levantados neste livro encorajariam o autor a agir neste sentido, especialmente à luz da vasta literatura existente sobre o tema em campos como a informática, a microeletrônica, a engenharia genética e a engenharia nuclear. Este, no entanto, não é o objetivo do livro, que não se presta à mera divulgação de fatos científicos. Estes fatos, embora estejam na base do progresso recente, são facilmente encontráveis na literatura específica existente. Eis por que nos limitamos a mencioná-los, concentrando-nos antes nas implicações sociais, isto é, nas questões que até hoje foram tratadas de modo insuficiente por aquela literatura. Não é nossa intenção, pois, penetrar excessivamente nos aspectos puramente científicos dos problemas em questão.

A segunda armadilha é a que consiste em tratar os problemas a partir de uma perspectiva ideológica unilateral, no sentido de vinculá-los a uma das ideologias existentes como se se tratasse de conclusões extraídas de tal ideologia. No entanto, é obvio que ninguém pode pensar em discutir os problemas em questão abstraindo completamente o próprio sistema de valores e, portanto, abstraindo a ideologia interiorizada que está ligada a tal sistema de valores. A fim de evitar mal-entendidos que resultam da ambiguidade frequentemente ignorada do termo "ideologia", gostaria de salientar que o interpreto no espírito do *common sense*, a saber: como a totalidade das ideias,

DECLARAÇÃO DE INTENÇÕES

atitudes e tipos de comportamentos humanos que, fundando-se num sistema de valores aceito, determina o objetivo dos atos da pessoa, que são orientados a transformar uma forma ideal de sociedade em realidade. Seria utópico exigir que conduzíssemos nossas análises em um vazio ideológico, mas isto não significa que as próprias análises deveriam se transformar na aplicação de uma determinada ideologia partidária. Abster-se das ideologias é em parte possível dada a natureza geral das questões levantadas neste livro e, em nosso caso, é inclusive necessário se quisermos convencer amplos círculos de leitores. Isto significa que pretendo apresentar os problemas como um conjunto de quesitos e preocupações presentes em muitas, se não em todas, as ideologias contemporâneas cujos valores são patrimônio comum da nossa época. Em outras palavras, sendo marxista, pensarei obviamente como tal no curso de minha análise, mas não no sentido de buscar as respostas às questões colocadas numa suma marxista acabada. Tampouco limitarei meu pensamento ao âmbito das ideias clássicas do marxismo: há muitos problemas novos, especialmente na esfera das reflexões sobre o indivíduo humano, que estão ainda por ser formulados e que, obviamente, devem ser enfrentados com novas soluções.

Uma vez explicados o objetivo e o estilo da minha análise no presente livro, em termos muito gerais, devo justificar a omissão das questões da guerra e da paz, que é sem dúvida o que gera a maior incerteza e a maior inquietação em todo o mundo, incluído o *medo* generalizado que despertam as armas nucleares das superpotências. Esta omissão não se deve, é claro, a nenhuma subestimação da questão. Os problemas da guerra e da paz *são* seguramente os problemas fundamentais do nosso tempo, os problemas do *ser ou não ser* da humanidade. O fato é que a questão é tão evidente que não é necessário sequer formulá-la. A necessidade de se evitar a guerra, que hoje equivaleria à destruição do gênero humano, é aceita por todos, ao menos teoricamente. Todas as reflexões sobre a possibilidade de evitá-la são na verdade simples especulações. Pessoalmente não acredito que a guerra possa eclodir em consequência de uma decisão de se atacar por primeiro, já que a decisão de lançar tal ataque seria suicida, como todo mundo sabe. A questão, portanto, não é repetir pela enésima vez as advertências e as exortações conhecidas de todos, mas passar à ação. A opinião pública deve ser mobilizada na luta pela paz, mas esta requer outras formas de iniciativa além de escrever livros sobre problemas gerais do futuro. Nestes livros devemos sempre partir da hipótese da continuação da vida e da convicção de que, ao final, prevalecerá o bom senso, ainda que seja apenas por medo das consequências de uma guerra. Caso ocorresse o contrário, por qualquer razão que fosse, inclusive por acidente, todas as nossas reflexões sobre o futuro careceriam de antemão de sentido. Enfrentemos, pois, os problemas que nos interessam com a convicção de que a razão prevalecerá, mas ressaltando que de modo algum subestimamos o problema da guerra.

Primeira Parte

As consequências sociais da atual revolução técnico-científica

1

CONDIÇÕES INICIAIS: AS TRÊS REVOLUÇÕES TÉCNICO-CIENTÍFICAS

Atualmente não é necessário ser marxista – embora este modo de pensar seja típico do marxismo – para iniciar uma análise das mudanças sociopolíticas que estão ocorrendo sob os nossos olhos, e cuja evolução pode ser prevista com um bom grau de aproximação, partindo das mudanças na produção e das mudanças técnico-científicas correlatas. Independentemente de se aceitar ou não a teoria marxista da influência recíproca entre base e superestrutura, com todas as consequências daí resultantes, qualquer pessoa habituada a refletir em termos das ciências sociais contemporâneas compreende que as transformações revolucionárias da ciência e da técnica, com as consequentes modificações na produção e nos serviços, devem necessariamente produzir mudanças também nas relações sociais. Só um cego não percebe as mudanças que estão ocorrendo neste campo e as suas óbvias conexões com a segunda revolução industrial que cada vez mais se intensifica. Comecemos, pois, por esta última.

Nem sempre nos damos conta de que já nos encontramos em meio a uma acelerada e dinâmica revolução da microeletrônica, apesar de estarmos rodeados por todos os lados pelas suas mais diversas manifestações. A começar pelos pequenos objetos de uso cotidiano, como, por exemplo, relógios de quartzo, calculadoras de bolso (frequentemente com relógio, calendário, despertador incorporados etc.), televisores a cores e os mais diversos utensílios domésticos: geladeiras, máquinas de lavar roupas e louças etc. Há, além disso, aparelhos mais sofisticados, conhecidos por um número crescente de pessoas que se servem da nova técnica, como, por exemplo, as numerosas aplicações dos computadores na indústria, na pesquisa cientifica, nas comunicações e nos transportes. na informação e no campo dos serviços. Temos ainda as conquistas notáveis e espetaculares da ciência e da técnica como os voos espaciais e as fábricas inteiramente automatizadas, nas quais os homens são substituídos pelos robôs. E finalmente, em um nível superior, devemos colocar a mais perigosa e por isso a mais importante esfera de aplicações: a moderna técnica de guerra. Tudo isto é consequência dos efeitos combinados da revolução da microeletrônica e da energia termonuclear. Esta é a corrente da atual revolução industrial na qual estamos cada vez mais imersos.

Podemos, todavia, chamar de revolução a este conjunto de fatos conhecidos e muitas vezes profundamente radicados em nossa consciência? Não há dúvida que sim. Trata-se da segunda revolução técnico-industrial. A primeira, que pode ser situada entre o final do século XVIII e o início do século XIX, e cujas transformações ninguém hesita hoje em chamar de *revolução*, teve o grande mérito de substituir na produção a força *física* do homem pela energia das máquinas (primeiro pela utilização do vapor e mais adiante sobretudo pela utilização da eletricidade). A segunda revolução, que estamos assistindo agora, consiste em que as capacidades *intelectuais* do homem são ampliadas e inclusive substituídas por autômatos, que eliminam com êxito crescente o trabalho humano na produção e nos serviços. A analogia com a primeira revolução industrial está no salto qualitativo operado no desenvolvimento da tecnologia de produção, a qual acabou por romper a continuidade dos avanços quantitativos que se iam acumulando nas tecnologias já existentes; a diferença, porém, está em que enquanto a primeira revolução conduziu a diversas facilidades e a um incremento no rendimento do trabalho humano, a segunda, por suas consequências, aspira à eliminação total deste. Isto significa, por um lado, a libertação do homem da maldição divina do Antigo Testamento, segundo a qual ele deveria ganhar o pão de cada dia com o suor do seu rosto; por outro lado, todavia, esta nova revolução coloca uma série de problemas sociais ligados à necessidade de se encontrar uma instituição que possa substituir o trabalho humano tradicional, seja como fonte de renda que permita ao homem satisfazer suas necessidades materiais, seja como fonte tradicional de "sentido de vida", entendido como fundamental para a satisfação das suas necessidades não materiais, isto é, das suas necessidades espirituais.

CONDIÇÕES INICIAIS: AS TRÊS REVOLUÇÕES TÉCNICO-CIENTÍFICAS 25

A revolução microeletrônica e a revolução tecnológico-industrial a ela associada representam apenas um aspecto, embora muito importante, da atual revolução técnico-científica. O outro aspecto é constituído pela revolução da microbiologia com sua componente resultante, a engenharia genética.

Caracteriza-se frequentemente o século XXI como aquele em que as atividades humanas serão dominadas pela biologia. É muito provável que as mudanças mais espetaculares ocorrerão neste setor, oferecendo com isso aos homens a possibilidade de dominar não apenas a natureza orgânica em geral, mas também o próprio "eu". As perspectivas são fantásticas, mas também acarretam gravíssimos perigos para a vida social.

O passo decisivo neste sentido foi a descoberta do código genético dos seres vivos, seguida da sua gradual decifração, o que permite ao homem interferir de forma cada vez mais eficaz e sempre mais a fundo nas leis do desenvolvimento da natureza orgânica. A engenharia genética nos permite modificar o código genético inato das plantas e dos animais e inclusive desenvolver deliberadamente novos códigos, não existentes anteriormente.

Por um lado, esta situação abre novas e magníficas perspectivas para o homem na luta contra as doenças congênitas ou na produção de novas variedades de plantas e animais, muito mais resistentes às enfermidades e às condições naturais desfavoráveis, e possivelmente mais ricas de componentes necessários aos homens. Esta parece ser a única e verdadeira maneira de combater a catástrofe da fome e da desnutrição dos habitantes do nosso planeta, problema que combinado com a atual explosão demográfica ameaça de forma cada vez mais intensa os chamados países do Terceiro Mundo.

Por outro lado, no entanto, a revolução microbiológica coloca alguns perigos para a evolução do homem, perigos com os quais nos deparamos até agora apenas nas obras de ficção científica: ingerência na personalidade humana, produção artificial de seres humanos com diversas características "encomendadas" com antecedência (imaginemos, por exemplo, a "encomenda" de seres "obedientes" a este ou àquele regime totalitário), ou também a produção de um certo número de indivíduos idênticos no que se refere às características físicas e mentais (através da utilização da técnica do clone).

Tudo isto pode parecer um conto de terror, mas experiências já estão sendo feitas em ambas as direções e em alguns aspectos estão até mesmo bastante avançadas. As exortações dos biólogos, alarmados diante de tais perspectivas, para que se acabe com a experiência e a investigação nesta esfera, estão condenadas ao fracasso, ainda que isto ocorra pelo simples fato de que, compreensivelmente, estas investigações estejam sendo realizadas pelas estruturas militares dos diversos países. Tais exortações são, além disso, de natureza reacionária: deve a humanidade abandonar o avanço do conhecimento pelo simples fato de acarretar perigos sociais e riscos de abuso? Esta situação existe em todos os campos em que se manifesta um avanço do conhecimento e ocorre também em relação à revolução da microeletrônica (ameaça para a esfera das liberdades civis, perigo de que se propague o câncer de uma burocracia todo-poderosa e, mais importante ainda, perigo de um desemprego estrutural em consequência da automação da produção), assim como em relação à revolução na esfera da energia nuclear (perigo de que seja utilizada para fins bélicos).

Prescindindo do caráter utópico dos apelos que pretendem bloquear praticamente todos os avanços da ciência contemporânea, não é por acaso reacionário exigir a proibição de investigações que, no âmbito da microbiologia e da engenharia genética, abrem caminho para a eliminação de doenças como o mongolismo, o câncer, a diabete ou as doenças mentais congênitas? É evidente que a solução do problema não consiste em proibir o progresso – o que, como dissemos, seria puramente utópico – mas em estabelecer medidas sociais profiláticas que se oponham às consequências sociais negativas. Nenhum avanço do conhecimento humano é em si reacionário ou negativo, já que tudo depende de como o homem o utiliza como ser social: uma mesma descoberta pode ser utilizada pelo homem para abrir caminho a um novo paraíso ou a um novo inferno muito pior do que aquele que conhecemos até agora. Mas em hipótese alguma podemos admitir que o temor de que se abuse do conhecimento humano leve à proibição deste conhecimento.

O terceiro elemento da revolução técnico-científica que traçará o caminho do desenvolvimento da humanidade, no final deste século e também no próximo, é a revolução energética.

É óbvio que todo progresso social na produção e na satisfação das necessidades humanas seria impossível sem a substituição das

CONDIÇÕES INICIAIS: AS TRÊS REVOLUÇÕES TÉCNICO-CIENTÍFICAS   **27**

atuais fontes de energia, que são insuficientes e estão se esgotando rapidamente, por novas fontes mais poderosas e praticamente inesgotáveis. Por isto testemunhamos uma busca febril, não apenas de novas reservas de fontes tradicionais de energia (especialmente de petróleo), mas também – e isso é mais importante – de novas fontes de energia. A energia solar, a energia geotérmica, a energia proporcionada pelas marés nos mares e oceanos, juntamente com a energia tradicional mas ainda insuficientemente aproveitada dos ventos e das correntes de água dos rios, são apenas alguns exemplos da direção dos esforços e pesquisas empreendidos atualmente. O final do presente século trará um grande avanço em algumas delas, especialmente na energia solar e geotérmica. Pelo menos é o que asseguram as autoridades nesta matéria. Mas o primeiro lugar corresponde à energia nuclear, obtida mediante a fissão e a fusão controlada de átomos. A respeito da fissão sabe-se já praticamente tudo, e disso surge a ameaça de sua utilização para fins militares. A fusão proporcionaria ao homem recursos energéticos praticamente ilimitados para diversos fins. Infelizmente, neste campo nos encontramos apenas no início do caminho que, no entanto, não está bloqueado, ainda que não haja dúvida de que a resolução do problema exigirá muito tempo e trabalho. Dado que se está trabalhando nisto em muitos lugares da terra, é de se esperar que – baseando-nos nas experiências acumuladas até o momento – o gênio humano resolva também este problema e, com isto, salte a poderosa barreira existente no caminho que conduz ao domínio do mundo, incluído o espaço cósmico.

Esta tríade revolucionária – microeletrônica, microbiologia e energia nuclear – assinala os amplos caminhos do nosso conhecimento a respeito do mundo e também do desenvolvimento da humanidade. Como vimos, as possibilidades de desenvolvimento são enormes, como são também enormes os perigos inerentes a elas, especialmente na esfera social. O problema das implicações sociais da multiforme revolução da ciência e da tecnologia que assinalamos acima será comentado nos próximos capítulos, como foi anteriormente anunciado na "declaração de intenções".

2
MUDANÇAS NA FORMAÇÃO ECONÔMICA DA SOCIEDADE

O primeiro problema importante decorrente da nova revolução industrial[1] é o de como assegurar a manutenção de um exército de pessoas estruturalmente desempregadas, que perderam seus empregos em consequência da automação e da robotização da produção e dos serviços.

No que se refere aos países industrializados avançados (para os países em vias de desenvolvimento a situação será ainda mais difícil, quando não inteiramente trágica, em razão de sua pobreza), isto é, países em que a renda nacional possibilita, em princípio, satisfazer as necessidades do conjunto da população num alto nível, defrontamo-nos inevitavelmente com o problema de como poderá ser distribuída esta renda numa nova situação. Por um lado, a automação e a robotização (no pressuposto de um aumento da energia utilizada pela produção em consequência da descoberta de novas fontes energéticas) provocarão um grande incremento da produtividade e da riqueza social; por outro lado, os mesmos processos reduzirão, às vezes de forma espetacular, a demanda de trabalho humano. Isto é inevitável, independentemente do número de esferas de trabalho que forem conservadas e do número de esferas novas que possam surgir como consequência do desenvolvimento da microeletrônica e dos ramos de produção a ela

---

[1] A partir daqui, em conformidade com o caso, farei referência à nova ou segunda revolução industrial, à revolução microeletrônica e à revolução informática. Estes termos diferem semanticamente, mas o seu conteúdo social é o mesmo. Este é o motivo pelo qual cada um dos termos será usado segundo o contexto.

associados. Os especialistas de boa-fé não deixam nenhuma dúvida quanto a isso quando comentam este tema.

Citarei apenas duas opiniões, ambas dignas de crédito, em que o problema é colocado com toda a clareza. Uma é a solução dos empresários japoneses – merecedores de crédito, como tem demonstrado até agora a experiência –, cujo objetivo é eliminar completamente o trabalho manual na indústria japonesa até o final do século. Ainda que possa haver nisto um certo ufanismo, a exposição deste objetivo deve ser levada a sério. A outra opinião se encontra num informe especial do *Science Council of Canada Report* (nº 33, de 1982), que prevê a moderada taxa de 25 por cento de trabalhadores que perderão seu emprego no Canadá até o final do século em consequência da automação. Observe-se que neste caso se trata de um informe elaborado por uma instituição científica *estatal* digna de toda confiança. Resta-nos, pois, a opção de escolher entre 100 e 25 por cento, diferença que talvez decorra do alto grau de desenvolvimento alcançado pela eletrônica na indústria japonesa (onde já funcionam as chamadas *unmanned factories*). Mas não pode haver nenhuma dúvida de que o desemprego estrutural afetará massas inteiras da população. É o que indicam também as previsões americanas, segundo as quais serão eliminados 35 milhões de empregos até o final do século em consequência da automação. As atuais estatísticas de trabalho entre jovens mostram também que uma a cada três pessoas em Nova Iorque e uma a cada duas em Chicago não têm emprego. As cifras no caso dos jovens negros norte-americanos são muito mais altas (o que parece evidente tendo em vista as relações sociais existentes nos Estados Unidos).

É evidente que são impossíveis previsões precisas e confiáveis neste sentido, dado que temos de lidar com um número de variáveis muito grande que pode fazer pender a balança para um ou para o outro lado. Mas uma coisa é certa: as conclusões otimistas extraídas dos estudos empíricos das relações entre inovações tecnológicas e emprego em um determinado ramo da indústria ou dos serviços, ao longo dos últimos cinco ou dez anos, parecem pouco confiáveis, metodologicamente erradas e (premeditadamente?) enganosas: em primeiro lugar, porque o ritmo destas inovações vem-se intensificando continuamente; em segundo lugar, porque também o ritmo de sua implementação técnica está aumentando, o que consequentemente

MUDANÇAS NA FORMAÇÃO ECONÔMICA DA SOCIEDADE 31

intensifica a pressão sobre o mercado de trabalho; em terceiro lugar, porque, por ora, ainda subsiste uma grande diferenciação entre os diversos ramos da produção e dos serviços no que diz respeito à aceitação de novas técnicas – fator que deverá mudar rapidamente; em quarto lugar, finalmente, porque o panorama é muitas vezes ofuscado pela estabilidade, ou até acompanhado por certa elevação das funções e operações, como ocorreu, por exemplo, no setor dos bancos no Ocidente – apesar da computadorização das suas funções. A tranquilização da opinião pública e dos ramos da indústria e dos serviços interessados, contrariando a evidência dos fatos, é uma atitude socialmente prejudicial. Os males sociais que nos ameaçam só podem ser evitados com a adoção de medidas preventivas desde já e com a preparação de outras mais radicais para o futuro próximo. Neste sentido, a sociedade deve ser mobilizada para adotar tais medidas ao invés de se deixar desmobilizar por falsas previsões tranquilizadoras. Ainda que alguns acreditem que isto possa salvar seus interesses a curto prazo, tal conduta, do ponto de vista social, não faz mais que adiar decisões inevitáveis que deverão ser tomadas queiramos ou não; com isso, no entanto, ter-se-á que tomá-las em condições muito piores devido à urgência de situação.

Isto se refere sobretudo às consequências da atual revolução industrial na esfera da estrutura econômica da sociedade, ou, utilizando uma formulação diferente, na esfera da formação econômica da sociedade. O problema de dezenas de milhões de pessoas estruturalmente desempregadas na Europa e de centenas de milhões de pessoas estruturalmente desempregadas em todo o mundo (isto é, pessoas que não estão desempregadas em consequência de uma conjuntura desfavorável, mas o estão em consequência de mudanças da estrutura de ocupação, através de substituição do trabalho humano tradicional pelos autômatos) não pode ser resolvido pelo auxílio-desemprego. Isto vale sobretudo para os jovens, aos quais a nova tendência tecnológica privará da oportunidade de trabalho, no sentido tradicional da palavra, desde o início da sua vida produtiva. É necessário que se faça aqui algo de novo. As soluções devem ser outras. Podemos dizer, em termos muito gerais, sem avançarmos nada de específico sobre o que terá de ser feito, que a solução deverá contemplar novos princípios de distribuição de renda nacional, o que não poderá ser feito sem infringir, ou pelo menos modificar, o direito de propriedade até hoje dominante.

Dissemos tudo isto em termos muito genéricos e com muita prudência. Como veremos, esta formulação geral admite várias versões. Apesar disso, eu me dou conta perfeitamente de que em determinados círculos mesmo uma formulação tão genérica pode chocar e provocar reações defensivas. Por isso sugiro que abordemos estes problemas com serenidade e objetividade; reações nervosas e uma rejeição defensiva de fatos óbvios não conduzem a nada, como testemunha a história de situações similares no passado. É evidente que estas reações nervosas estão limitadas aos países nos quais os meios de produção e as grandes instituições de serviços são de propriedade privada, isto é, os países que – apesar das grandes diferenças existentes entre eles – costumamos denominar de capitalistas. Isto que acabo de dizer não é aplicável aos países que – apesar também das exceções e das diferenças – chamamos de socialistas, nos quais a propriedade dos correspondentes meios de produção e das instituições de serviços não se encontra em mãos privadas. Devido precisamente a estas diferenças nas reações de choque e nos reflexos defensivos, devemos manifestar explicitamente que o problema do desemprego estrutural resultante da atual revolução industrial é suprassistêmico e afeta também os países socialistas. As atuais diferenças na intensidade do desemprego estrutural se devem a que os países socialistas estão atrasados muitos anos no que se refere às aplicações da microeletrônica no âmbito não militar em comparação com os países altamente industrializados. Contudo, o desenvolvimento dos países socialistas eliminará estas diferenças e fará com que também estes países se confrontem com o problema do desemprego estrutural em grande escala. O expediente atualmente muito utilizado de mascarar uma superabundância de força de trabalho não resolve de fato o problema e não faz senão confundir a situação real. A vantagem dos países socialistas não consiste em estarem livres das regularidades da tendência geral do desenvolvimento. Sua vantagem deve ser vista antes no fato de que estes países podem resolver suas dificuldades mais facilmente porque neles os meios de produção não são de propriedade privada.

Todas as demais dificuldades, especialmente aquelas que vão além da esfera econômica (e que serão comentadas mais adiante), são suprassistêmicas e possuem caráter geral e universal.

MUDANÇAS NA FORMAÇÃO ECONÔMICA DA SOCIEDADE   33

Voltando ao problema do desemprego estrutural e de suas soluções, devemos estabelecer uma distinção entre as soluções adotadas durante o período de transição e as soluções que terão de ser adotadas quando o processo vier a adquirir toda a sua dimensão. Durante o período de transição, a solução consistirá, certamente, na redistribuição do volume de trabalho existente mediante a redução da jornada de trabalho individual. Esta é até agora a solução geral e correta proposta pelos sindicatos ocidentais, que lutam por uma semana de trabalho de trinta e cinco horas, com plena consciência de que isto não é senão o início do processo de contínua redução das horas de trabalho, que prosseguirá nos próximos anos. Mas não deveríamos tentar ocultar o fato, que por enquanto é apenas vagamente mencionado em diferentes palavras de ordem, de que este é, e deve ser, o princípio de uma nova distribuição de renda nacional. Pois ao lado do problema da redução das horas de trabalho surge um novo problema; à custa de quem deve ser feita esta nova distribuição?

Não cabe a menor dúvida de que, em consequência de lutas mais ou menos ásperas que possuem um inequívoco caráter de classe (também nos países em que pareciam ter mesmo desaparecido), os custos da nova distribuição deverão ser suportados por aqueles que desfrutam de uma porção maior da renda social, isto é, pelos empresários. É óbvio que a condição preliminar para esta solução está em que a operação seja realizada de comum acordo entre os países industrializados (OCDE e a Comunidade Europeia); medidas "separatistas" que neste sentido viessem a ser tomadas por um único país acarretariam sua inevitável ruína econômica em razão da perda de competitividade nos mercados internacionais. Tudo isto deverá conduzir a uma cooperação internacional mais estreita entre os sindicatos destes países, mas ao mesmo tempo à sua radicalização, fenômeno que, no caso dos países altamente industrializados, parecia já coisa do passado. Esta radicalização estará relacionada, como já foi dito, com a redistribuição da renda nacional, no sentido de tentar transferir para os ombros dos empresários o custo da redução das horas de trabalho. As massas trabalhadoras tornar-se-ão muito mais radicais ao largo deste conflito, já que não admitirão que se rebaixe seu nível de vida, enquanto as classes proprietárias deverão ser suficientemente inteligentes para aceitar este passo inevitável no sentido de um nivelamento (relativo) na participação de todos os membros da sociedade na renda social, caso queiram evitar as desagradáveis surpresas de explorações revolucionárias que, no caso dos países altamente desenvolvidos, pareciam pertencer a um passado longínquo. A nova revolução industrial traz consigo uma situação potencialmente revolucionária, que só pode ser evitada se se conseguir extrair em tempo as necessárias conclusões de suas implicações sociais. Disto devem estar cientes não apenas as classes proprietárias, mas também as direções sindicais tradicionalmente reformistas e conciliadoras, que podem ser substituídas pelos militantes de base se não se adequarem à espontânea radicalização destes. O mesmo cabe dizer dos partidos políticos, especialmente daqueles que têm sua base militante nas massas trabalhadoras. Há novas oportunidades para partidos revolucionários, mas desde que sejam inteligentes e não se mantenham aferrados a seus velhos modelos e soluções, que não podem absolutamente ser transplantados para a nova realidade. Isto trará dificuldades – ainda que por motivos distintos – aos partidos socialistas e comunistas tradicionais.

Tudo o que dissemos até agora, e que é apenas um prelúdio, não pretende "assustar" ninguém nem, como poderiam pensar alguns, exortar a uma revolução; trata-se simplesmente da constatação de alguns fatos de caráter objetivo que não podem ser descartados por uma obstinada recusa que coloca em marcha o mecanismo da *cognitive dissonance*. É, ao mesmo tempo, uma advertência para que não se tratem superficialmente as consequências da dinâmica social que caracteriza o período atual e o futuro. Esta advertência é oportuna agora e também vale como obrigação social e moral dos representantes das ciências sociais que se ocupam dos problemas do nosso tempo e compreendem as suas regularidades. O período em questão é revolucionário no sentido das mudanças que se estão produzindo, mas não o é no sentido da existência de um inevitável cataclismo social (com o recurso à violência), dado que as suas consequências podem ser controladas. Do ponto de vista social, as soluções pacíficas são mais "econômicas" e, por isso, mais desejáveis mesmo para os defensores da revolução, caso seus objetivos possam ser alcançados por meios pacíficos. Em nossa época, isto é sem dúvida possível nos países altamente desenvolvidos e, por isso, devemos nos esforçar ao máximo para alcançar este objetivo. Ao fazê-lo devemos ter presente

MUDANÇAS NA FORMAÇÃO ECONÔMICA DA SOCIEDADE   **35**

que hoje, quando por diversas razões se fala do colapso ou pelo menos de crise do marxismo, podemos presenciar a materialização – com uma clareza quase clássica – de uma das teses fundamentais desta doutrina, a saber: que as mudanças na base social produzem inevitavelmente mudanças na superestrutura. O fenômeno em questão está se manifestando diante dos nossos olhos, e mesmo aqueles que não são partidários do marxismo não podem certamente ignorar a exatidão do diagnóstico marxiano.

Porém, como já dissemos, encontramo-nos ainda no prelúdio do processo propriamente dito. Este começará quando a curva que representa a redução de horas de trabalho, para que todos tenham emprego (ou pelo menos muitos), se aproximar assintoticamente do ponto zero para as *massas* de pessoas estruturalmente desempregadas. Neste sentido, há que se levar em conta que este ponto zero continua ainda muito distante da situação a que se referem hoje os empresários japoneses, a saber: a situação em que o trabalho manual na produção (e o correspondente trabalho intelectual nos serviços) será eliminado em 100 por cento. A jornada de trabalho não pode ser reduzida primeiro a 35 horas semanais, depois a 25, 20, e assim por diante, até que cheguemos à cifra de uma ou meia hora semanal. Isto seria absurdo do ponto de vista das experiências psíquicas do trabalhador: abaixo de um certo mínimo de horas de trabalho (qual mínimo?), o chamado tempo livre se converte em uma carga psíquica. Produz-se, de fato, uma "poluição" do tempo livre.

Nesta situação, será necessário substituir o trabalho tradicional, no sentido de trabalho remunerado, por ocupações não remuneradas que seriam um sucedâneo do trabalho atual no que se refere ao "sentido da vida", isto é, no que se refere à motivação das atividades humanas. É muito compreensível a necessidade de um tal "sucedâneo" do emprego remunerado de hoje, ainda que seja somente para assegurar o bem-estar psíquico dos homens que não trabalham. Comentaremos detalhadamente este problema mais adiante. Mas como o emprego remunerado não poderá assegurar ao homem seu meio de vida como ainda hoje ocorre, este meio terá de ser oferecido pela sociedade, se esta não quiser que os desempregados estruturais sejam condenados à inanição. É óbvio que a sociedade não fará isto, mas mesmo que ocorra a alguém uma ideia tão diabólica, não poderá levá-la à prática; isto seria impedido por um levante popular que poderia inclusive ser sangrento. Mas é de se supor que não se chegará a este extremo. Quanto a isto, as classes proprietárias dos países altamente desenvolvidos são demasiado razoáveis para correrem um tal risco, além do que – numa sociedade futura que será incomparavelmente mais rica, graças à informática e à automação da produção e dos serviços – teriam muito a perder arriscando seu domínio material, ainda que reduzido, em nome de um estúpida defesa dos interesses de classe a curto prazo.

Como dissemos, a manobra de transição que consiste em reduzir as horas individuais de trabalho tem limites estreitos e rígidos. Portanto, a preocupação com a manutenção do crescente exército de desempregados estruturais deve ser assumida pela sociedade, isto é, pelo Estado ou por suas instituições descentralizadas. Pois o Estado, enquanto forma de controle do homem sobre as coisas e não sobre outros homens, subsistirá inclusive na sociedade muito mais desenvolvida do futuro. A tese oposta é apenas um sonho anarquista cujo caráter absurdo pode ser facilmente demonstrado. Em todo caso, estas ideias nada têm em comum com o marxismo. A descentralização do Estado e a autonomia administrativa dos cidadãos em todos os níveis é uma outra questão. O problema não é abstrato do ponto de vista de uma futurologia social realista; tampouco é abstrato do ponto de vista do que deveria ser feito hoje a este respeito. A título de exemplo mencionarei *The Triple Revolution*, memorando preparado por um comitê especial do *The Santa Barbara Center of the Study of Democratic Institutions* em 1964, isto é, há mais de vinte anos. O documento foi elaborado por um comitê *ad hoc* formado por 37 pessoas, entre as quais vários prêmios Nobel, representando diversos grupos sociais e escolas de pensamento. A fim de evitar mal-entendidos, deve-se ressaltar que seus membros mais "esquerdistas" eram Norman Thomas, líder do Partido Socialista, e Erich Fromm, psicólogo e filósofo, que em alguns aspectos se aproximava do marxismo, mas que não era marxista nem se considerava como tal. O *memorando*, dirigido ao presidente Lyndon Johnson e aos líderes dos partidos Democrata e Republicano, é, a meu ver, um documento de importância histórica pela amplitude de sua perspectiva e pela profundidade de sua análise de fenômenos que apenas hoje podem ser avaliados em seu pleno significado, o que testemunha a clarividência dos seus autores. (O

MUDANÇAS NA FORMAÇÃO ECONÔMICA DA SOCIEDADE 37

documento caiu em injusto esquecimento e seria desejável que voltasse a ser publicado por periódicos dedicados a questões sociais, e isto não apenas nos Estados Unidos.) Pessoalmente, devo ressaltar que contraí uma "dívida" intelectual com o conteúdo do documento (o que não me é difícil especialmente porque há mais de dez anos sou *fellow* do *Santa Barbara Center*). Desejo agora aludir apenas a uma das ideias do *memorando* que tem uma relação direta com as nossas considerações. Os autores partiram da revolução cibernética (a microeletrônica e a automação ainda não eram conhecidas naquela época) e chegaram à conclusão de que a riqueza material da sociedade crescia rapidamente e era acompanhada por uma queda da demanda de mão de obra, substituída pelas máquinas. Em resposta à questão sobre como se poderia garantir a subsistência deste exército de desempregados, os autores do documento escreveram: "Instamos a que a sociedade, através das instituições jurídicas e governamentais apropriadas, se comprometa sem reservas a proporcionar, por direito, um rendimento adequado a todo indivíduo e a toda família".

Esta parece ser a única solução racional para o nosso problema: se a sociedade se enriquece com a nova revolução industrial, consequentemente ela deve arcar com os custos do incremento do desemprego estrutural derivado desta revolução. Mas como pode a sociedade adquirir os fundos necessários para enfrentar estas novas obrigações? Em minha opinião, não há outro caminho senão o de prosseguir aplicando aquelas medidas que, como vimos, deverão prevalecer durante o período de transição: uma nova e mais profunda distribuição da renda nacional, que será certamente muito superior a qualquer outra conhecida. Isto, todavia, só poderá ser realizado mediante a redução de uma parte da renda nacional que corresponde às classes proprietárias, ainda que esta redução deva ser relativa, dado que sua participação, em termos absolutos, aumentará graças ao rápido aumento da produção e da renda nacional em geral. Ainda que isto não agrade aos exacerbados defensores da propriedade privada, incapazes de pensar de modo racional, trata-se de uma solução sem a qual não há alternativa realista. Existiria apenas a alternativa de a sociedade permitir a inanição das dezenas de milhões de pessoas condenadas ao desemprego estrutural. Mesmo que a sociedade consentisse (com "peso no coração", é certo, mas em nome de princípios "mais elevados" como a defesa dos direitos civis, entre os quais se acha o direito de propriedade), não pode haver dúvida de que uma tal solução seria rechaçada – e se necessário com armas em punho – pelos "condenados" a morrer de inanição. Na realidade, esta solução não pode ser levada em consideração. E, ao responder aos exacerbados defensores do direito de propriedade, não aludirei a nenhum argumento proposto por qualquer escola de pensamento socialista, mas à encíclica papal *Laborem exercens*. O autor deste documento, de quem não se pode suspeitar que oculte intenções subversivas, afirma explicitamente que, se necessário, o direito de propriedade pode ser infringido. Recomendo a leitura deste documento, embora não queira silenciar sobre o fato de que esta encíclica já provocou dores de cabeça em muitos conservadores.

Tudo isto significa apenas que o socialismo deverá prevalecer necessariamente como resultado da nova revolução industrial? A resposta a esta pergunta depende de como interpretamos o termo "socialismo".

Não se pode excluir a possibilidade de a sociedade do futuro próximo, que será forçosamente muito diferente da nossa, recorrer a medidas econômicas como as que já estão sendo implementadas hoje na Suécia. Sem nacionalizar a indústria e os serviços (com exceção de alguns casos, como, por exemplo, o das estradas de ferro) e sem infringir formalmente o direito de propriedade, o Estado recorre a impostos progressivos, taxando em até 90 por cento as rendas e os lucros dos seus cidadãos e utilizando estes fundos para cobrir seus gastos. Desta maneira, o incentivo à iniciativa privada é preservado, ao mesmo tempo que uma grande parte da renda nacional é apropriada pelo Estado (acima da renda individual necessária a satisfazer os padrões da vida, segundo o nível histórico das necessidades pessoais). A parte apropriada pelo Estado se destina por outro lado a cobrir todas as necessidades *sociais*, entre as quais pode ser arrolado o custo de manutenção do exército de pessoas estruturalmente desempregadas que exercem diversas atividades. Isto seria muito diferente do atual auxílio-desemprego, já que consistiria em uma *pensão vitalícia* cuja quantia poderia possivelmente ser diferenciada de acordo com o caráter e a qualidade das ocupações que teriam estas pessoas estruturalmente desempregadas. O que tornaria ainda mais nebulosa a diferença entre esta pensão e o salário. Isto continua sendo capitalismo?

MUDANÇAS NA FORMAÇÃO ECONÔMICA DA SOCIEDADE 39

Tudo depende de como definimos este conceito, mas, desde logo, não é capitalismo no sentido clássico. Tanto o problema da propriedade privada quanto – e isto é particularmente importante – o da mais-valia se colocam de forma diferente de como aparecem em *O Capital* de Marx. Ainda que se trate aqui de mais-valia, esta não permanece nas mãos dos capitalistas e à sua disposição, mas passa a ser propriedade social e é utilizada para satisfazer necessidades sociais. Ainda que conservemos o termo "mais-valia" para não nos envolvermos com problemas terminológicos, não devemos esquecer que o conteúdo deste conceito mudou e talvez tenhamos que pagar o preço de equívocos semânticos pela nossa conveniência terminológica. Desejo assinalar aos marxistas "ortodoxos" que Lênin, durante a Primeira Guerra Mundial, considerou um caminho muito concreto e pacífico para o socialismo nos países com vizinhos socialistas (como exemplo disto mencionou a Suíça). O Estado *compraria* as propriedades dos capitalistas e os manteria como administradores de suas antigas fábricas e instituições de serviços, desde que soubessem realizar seu trabalho. Não há aí uma analogia com a situação de hoje acima comentada? Observe-se ainda que a atual revolução industrial é um fator tão forte que este determinado objetivo econômico poderá ser realizado até mesmo num Estado não necessariamente rodeado por países socialistas. Os problemas políticos relacionados a isso serão comentados mais adiante.

Obviamente, a nacionalização ao menos da grande indústria, dos bancos e dos transportes de massa seria uma solução mais simples. Com isso estaria assentado o fundamento para a formação social socialista, e o excedente de bens produzidos passaria automaticamente para as mãos da sociedade e de seus organismos, sobretudo o Estado. Se os acontecimentos *não* seguirem este curso – e, a meu ver, não o seguirão nos países desenvolvidos –, então isto será consequência dos efeitos negativos dos exemplos dos países do socialismo real, que não souberam nem resolver apropriadamente suas tarefas econômicas nem satisfazer às expectativas políticas relacionadas com o modelo ideal de sistema socialista. Consequentemente, funcionam como contrapropaganda *sui generis* quando se trata da capacidade do socialismo de resolver problemas que se apresentam atualmente nos países industrializados. A explicação deste fato exigiria uma digressão para se estudar a história da gênese e do desenvolvimento dos países do socialismo real, o que ultrapassaria o marco de nossas atuais reflexões.

Pessoalmente estou convencido de que este obstáculo à resolução dos problemas que estamos estudando com base na formação econômica socialista da sociedade não faz senão adiar a aceitação do socialismo, e certamente apresentará um modelo diferente daquele que prevalece hoje nos países do socialismo real. Isto vale tanto para a base quanto, sobretudo, para a superestrutura daquela sociedade.

Neste caso, como definir a forma sistemática da sociedade futura, que não será nem capitalismo nem socialismo tais como os conhecemos até agora? Sugiro que se a denomine de sistema de economia coletivista, já que não me ocorre denominação melhor, embora esteja plenamente consciente da insuficiência da minha proposta. A denominação, de fato, é deliberadamente imprecisa e vaga, mas exatamente por isto permite abarcar as distintas variantes da solução proposta e as diversas quantificações de elementos que traz consigo: economia capitalista privada *e* economia social coletivista. Em minha opinião, esta é uma vantagem daquela denominação precisamente porque é assim que se apresentará a diferenciação de desenvolvimento nas várias condições. Ao mesmo tempo, a denominação que sugiro compreende o que caracteriza a grande mudança que a atual revolução industrial está produzindo: a infração do "sagrado" direito de propriedade em nome de interesses coletivos gerais. Esta infração se expressa numa nova e dinâmica distribuição de renda nacional em favor das classes sociais que não são proprietárias dos meios de produção.

Mesmo no caso deste processo não eliminar por completo a propriedade privada e, consequentemente, deixar um amplo campo para a iniciativa privada – problema que o modelo atual do socialismo real não resolveu –, ele é sem dúvida um passo importante no sentido de um socialismo e de um igualitarismo (relativo) interpretados em sentido amplo.

Esta é uma constatação importante, tanto mais que a evolução no sentido de um modelo de sociedade coletivista abarcaria não apenas as relações de propriedade, mas também as relações derivadas da produção e da distribuição dos bens, o que é uma consequência lógica das mudanças na esfera fundamental. Refiro-me à planificação econômica, talvez inclusive em escala mundial, se consideramos as tendências integradoras da sociedade informática.

MUDANÇAS NA FORMAÇÃO ECONÔMICA DA SOCIEDADE   41

Ao contrário da aparência, a planificação não é algo desconhecido do capitalismo nem alheio a ele. É algo que os organismos estatais fazem indiretamente, especialmente através de suas políticas financeiras e fiscais, mas também diretamente, através das encomendas do Estado às empresas privadas ou através da política econômica dos setores nacionalizados da economia, que são cada vez mais fortes em vários países (exemplos significativos são os casos da Áustria e da França). O estereótipo de um capitalismo de livre mercado deixou de ser válido há muito tempo. É verdade que alguns economistas – Milton Friedman, por exemplo – tendem a rechaçar a doutrina de Keynes, que praticamente pôs fim ao capitalismo de livre mercado, mas estas ideias não encontram confirmação na prática (basta lembrar as consequências catastróficas que experiências deste tipo provocaram na política econômica do Chile). O que provavelmente ocorrerá neste campo como resultado da atual revolução industrial pode ser visto como algo de qualitativamente novo. Se o Estado tiver de manter um exército de cidadãos estruturalmente desempregados, ele será forçado a intervir não só na nova distribuição da renda social, a fim de obter os meios financeiros necessários a esta operação, mas também no mercado de bens necessários à manutenção destes desempregados. Em outras palavras, terá também de influenciar a forma de produção e distribuição destes bens a fim de evitar que problemas financeiros transtornem o equilíbrio do mercado.

As relações econômicas da sociedade formam um conjunto de elementos inter-relacionados, não no sentido de uma síndrome, mas no sentido de um sistema. O Estado terá de elaborar meios e métodos que permitam um controle da estabilidade geral deste sistema – deixando um amplo campo para a concorrência e a iniciativa privada –, em que uma mudança importante na posição de um elemento provoca automaticamente mudanças correspondentes na posição de outros elementos.

O fato dos autores do *memorando*, a que me referi antes, terem percebido claramente e ressaltado o caráter novo desta situação, ainda que trabalhassem no mais poderoso dos Estados capitalistas, testemunha sua clarividência e a profundidade das análises que empreenderam. Em *The Triple Revolution* há uma passagem que diz: "o descobrimento histórico do período posterior à II Guerra Mundial é que o destino econômico da nação pode ser dirigido (...) A essência desta direção é a planificação. O requisito democrático é a planificação a cargo de corporações públicas para o bem geral (...) O objetivo será a direção consciente e racional da vida econômica através das instituições planificadoras submetidas ao controle democrático."

Citei esta passagem – contrariando a minha intenção de evitar as citações e a erudição formal – não apenas por seu conteúdo, mas também, e principalmente, pelo fato do documento em questão proceder dos Estados Unidos e por serem seus autores estranhos a uma orientação de esquerda. Não há dúvida de que a nova revolução industrial está repleta de implicações sociais e nos conduz a novos modos de formação econômica da sociedade. Para estas consequências acabamos aqui de chamar a atenção.

3
MUDANÇAS NA FORMAÇÃO SOCIAL DA SOCIEDADE

Todo aquele que tem familiaridade com as categorias das ciências sociais e que conheça, ainda que superficialmente, a história do desenvolvimento social deve compreender claramente que as consequências da segunda revolução industrial se manifestarão não apenas na formação econômica da sociedade, mas também em suas formações social e política, o que significa dizer que irão se manifestar não apenas na base, mas também em sua superestrutura.

Da maneira como é utilizado aqui, o termo "formação" deve ser interpretado como a totalidade de relações sociais definidas entre seres humanos (portanto sociais, econômicas, políticas etc.) que formam determinado sistema. Isto significa que elas estão de tal modo ligadas entre si que a mudança num dos elementos do sistema produz mudanças nos outros elementos. Há, além disso, um elemento neste sistema (ou, dito de outra maneira, uma parte das relações a que nos referimos) cujas mudanças determinam a base da dinâmica dos demais elementos. No caso da formação econômica da sociedade, este papel é desempenhado pelas forças produtivas, e no caso da formação social, pelas relações de classe características. Quando falamos em "classe social" nos referimos à totalidade de seres humanos inter-relacionados no interior de uma dada formação econômica, antes de tudo em função de uma mesma relação de propriedade com as forças produtivas (o que equivale a dizer que ou são proprietários das forças produtivas ou carecem dessa propriedade). É na relação entre as diferentes classes sociais que vemos a força motriz da formação social das sociedades baseadas em classes. É neste sentido que nos perguntamos sobre as implicações sociais da atual revolução industrial: o que acontecerá na esfera das relações de classe?

Evidentemente, não se trata de uma pergunta isolada; a resposta a ela está estreitamente vinculada à análise das mudanças que se produzem na formação econômica da sociedade, já que estas mudanças desempenham sempre um papel dominante. Apesar disso, tal pergunta pode e deve estar sujeita a uma análise relativamente independente.

Os prognósticos das mudanças na estrutura de classes da sociedade informática – que é o que nos interessa principalmente aqui – dependem sobretudo da análise do futuro do trabalho assalariado e das possíveis e diversas formas de ocupação que o substituirão. Baseio minhas conclusões no pressuposto de que o trabalho, no sentido tradicional da palavra, desaparecerá gradualmente (isto é, o trabalho que consiste no emprego da própria capacidade em troca de um determinado salário ou seu equivalente sob a forma do preço recebido pelo fruto do trabalho de alguém). Este desaparecimento será uma consequência dos avanços da automação e da robotização produzidos pela revolução da microeletrônica. Para evitar erros de interpretação, devemos salientar que a eliminação do *trabalho* (no sentido tradicional da palavra) não significa o desaparecimento da *atividade* humana, que pode adquirir a forma das mais diversas *ocupações*. Este desaparecimento não é possível por vários motivos que examinaremos em seguida.

Quem quisesse polemizar com as minhas próximas afirmações deveria começar por refutar, ou pelo menos questionar profundamente, esta premissa do meu raciocínio, tanto mais que sua consequência lógica é a tese do desaparecimento da classe trabalhadora, o que modificaria totalmente a ideia da realidade social que conhecemos hoje.

À primeira vista, essas afirmações parecem escandalosas e nos induzem a pensar na ficção científica. Contudo, isto se deve exclusivamente às características conservadoras do nosso pensamento, quando não – para piorar as coisas – ao mecanismo da *cognitive dissonance*, um mecanismo que torna a mente humana impermeável às verdades novas nos casos de conflito entre a ideologia que se defendeu até aqui e os fatos que a refutam, conflito que não pode ser resolvido recorrendo-se a argumentos racionais. Não estamos tratando aqui de ficção científica, mas de fatos objetivos que muitas vezes são mais

MUDANÇAS NA FORMAÇÃO SOCIAL DA SOCIEDADE 45

assombrosos que a ficção. É um fato, por exemplo, que a chamada automação plena (que já pode ser observada no Japão não como mero experimento, mas como prática industrial nas chamadas *unmanned factories*, nas quais o processo de produção se dá praticamente sem a participação do homem) eliminará inteiramente o trabalho humano, o que tem sido mais fácil de acontecer – como se tem podido constatar – nos serviços que na produção. É, pois, um fato que o trabalho, no sentido tradicional da palavra, desaparecerá paulatinamente e com ele o homem trabalhador, e portanto também a classe trabalhadora entendida como a totalidade dos trabalhadores. Não queremos ainda aqui entrar em considerações sobre se isto é bom ou mau do ponto de vista dos valores que são importantes para o homem; mesmo que chegássemos à conclusão de que seria mau, fatos são fatos e não se pode descartá-los enfiando a cabeça na areia como o avestruz.

Citarei aqui – como curiosidade histórica, e não como prova (ainda que para os marxistas seja algo mais que uma curiosidade: é antes a prova da clarividência de seu mestre) – o fato de que Karl Marx previu a situação hodierna há mais de cem anos (em 1859), no primeiro esboço de *O Capital*, conhecido pelo título de *Grundrisse*. Nas páginas 582-600 desta obra (Dietz-Verlag, Berlim 1953) – que devido a estranhos infortúnios não veio à luz sob forma impressa senão em 1939-1941 – Marx previu o advento da automação e da plena automação, em decorrência das quais ocorreria uma mudança na posição do proletariado e da estrutura de classes da sociedade.

Na sociedade informática a ciência assumirá o papel de força produtiva. Mesmo hoje a força de trabalho se modifica e desaparece em sentido social. Na nova estrutura de classes da sociedade, a classe trabalhadora também desaparecerá. Como será então essa estrutura?

Referimo-nos aqui, folgo em dizer, a uma perspectiva ampla, a algo que virá, digamos, em trinta ou cinquenta anos, uma vez que essas mudanças não ocorrem instantaneamente, pois necessitam de tempo para que surjam forças e mecanismos sociais adequados.

A classe trabalhadora desaparecerá. Mas e a classe capitalista, ou seja, aquela classe que é formada pelos proprietários dos meios de produção, incluídos os grandes latifundiários? Isto depende da natureza e do ritmo da mudança social que terá lugar no futuro próximo, isto é, dentro de uns vinte anos.

Como dissemos, pode ser que ocorram mudanças de caráter socialista. Estas poriam fim à propriedade privada dos meios de produção e dos serviços em larga escala e, consequentemente, também à classe capitalista, o que corresponderia a uma modificação radical da estrutura social. Como vimos, no caso dos países mais industrializados, a barreira que se opõe a um tal rumo são os fenômenos negativos que se manifestam nos países do socialismo real. Por outro lado, a existência desses países é um elemento positivo na medida em que servem como instrumento de defesa diante do perigo de uma intervenção de fora. No caso dos países mais industrializados, portanto, as intervenções seriam raras, ou não se produziriam, ainda que não possam ser totalmente excluídas.

Uma outra variante parece mais provável, a saber: sociedades com uma classe trabalhadora que desaparece e uma classe de capitalistas rurais e urbanos fortemente debilitada e destinada, também ela, a desaparecer. Ainda que os acontecimentos se limitem a que o Estado, através de uma política fiscal adequada, fique com a maior parte das rendas dos capitalistas e impeça, mediante uma legislação adequada, que os filhos herdem as propriedades dos pais, a situação resultante se parecerá mais com o modelo de sociedade proposto por Lênin – isto é, uma sociedade que compra as propriedades dos capitalistas e atribui a eles o papel de administradores – do que com alguma forma de capitalismo clássico. O problema da força política desta classe que está desaparecendo, tanto econômica quanto socialmente, será tratado no próximo capítulo; a situação pode assumir diversos aspectos.

Vemos, pois, uma sociedade cujas duas principais classes estão desaparecendo. Deixamos de lado aqui o campesinato, embora também esta classe deverá ser arrastada no processo de mudança ao longo do desenvolvimento da automação. Quem ocupará o lugar destas classes? Provavelmente o lugar destas classes desaparecidas será ocupado por um estrato social integrado por cientistas, engenheiros, técnicos e administradores, que se incumbirão do funcionamento e dos progressos da indústria e dos serviços. Um lugar especial no interior deste estrato caberá aos especialistas na distribuição dos mais variados bens. É bastante compreensível que as fileiras deste estrato social sejam formadas principalmente por técnicos e administradores na qualidade de organizadores da produção e dos serviços. Que em

MUDANÇAS NA FORMAÇÃO SOCIAL DA SOCIEDADE   47

suas fileiras sejam incluídos os representantes das ciências (não só das disciplinas tecnológicas, mas também das ciências fundamentais como, por exemplo, a matemática, a física, a química, a biologia etc.), sem os quais seriam impossíveis os progressos da moderna tecnologia, pode ser facilmente explicado pelo fato de que a ciência é hoje um instrumento de produção cuja importância é crescente e cada vez mais determinante para o progresso em geral. Este estrato social será em certo sentido novo, mas apenas em certo sentido: os especialistas e os profissionais existiam ontem como existem hoje; o mesmo cabe dizer da utilização de seus conhecimentos como instrumento de produção. Este estrato não será tão numeroso quanto o conjunto das duas classes que substituirá, mas as substituirá plenamente no que diz respeito às suas funções sociais e, provavelmente, também com um nível mais elevado de eficiência.

Por que, então, utilizamos o termo "estrato" e não "classe social"? Isto está relacionado com a definição do conceito de "classe", definição hoje aceita universalmente, que identifica as diversas classes com base na relação de seus membros com os meios de produção. Pode-se, é claro, mudar este critério específico; e, quando desaparecer o trabalho no sentido tradicional da palavra e modificar-se a propriedade privada dos meios de produção, uma nova definição do conceito de "classe" será mesmo necessária. Não apenas a propriedade dos meios de produção, mas também, por exemplo, o exercício do poder político poderia servir como critério de pertinência a uma classe. Poder-se-ia, então, verificar que a população que tem em comum relações específicas determinadas pela sua função social, que hoje denominamos de "estrato", seja, de fato, uma classe social. Outro argumento poderia ser buscado no fato de que seus membros seriam proprietários de meios de produção, uma vez que a ciência se converteu já hoje em um meio de produção. Contudo, se levamos em conta a interpretação dos termos hoje predominantes, seria mais correto conservar o conceito de "estrato" a fim de evitar equívocos semânticos.

Mas os problemas da estrutura de classes de modo algum esgotam todos os problemas sociais resultantes da atual revolução industrial, embora formem a base destes e de outros problemas. Observemos três deles, todos pertencentes à corrente tradicional do reformismo social inaugurado pelos grandes sistemas do socialismo utópico: eliminação das diferenças entre trabalho manual e intelectual; eliminação das diferenças entre trabalho nas cidades e trabalho no campo; e o igualitarismo econômico como fundamento para a superação das demais desigualdades sociais.

A eliminação das diferenças entre trabalho manual e trabalho intelectual, que pressupunha não apenas a abolição das fadigas do trabalho manual, mas também a eliminação das diferenças de *status* social entre estes dois grupos de trabalhadores, era um dos sonhos utópicos dos grandes sistemas socialistas na passagem do século XVIII para o século XIX. Ela continuou sendo utópica no âmbito do socialismo marxista, que a recolheu dos postulados dos sistemas anteriores de pensamento socialista. A exigência se tornou realista apenas hoje, na sociedade informática. Esta assistirá ao desaparecimento do trabalho manual; o que restar do antigo trabalho (como ainda o entendemos hoje) assumirá o caráter de ocupações intelectuais, de natureza criativa, dado que o trabalho intelectual rotineiro, que consiste em realizar operações repetitivas que podem ser automatizadas, também desaparecerá. Assistiremos, pois, à materialização da antiga palavra de ordem não através da equiparação dos dois tipos de trabalho, mas através da eliminação de um deles. A forma de realização do antigo programa será, pois, nova, diversa daquela originariamente prevista, mas em compensação será efetiva. Isto mudará muitas coisas, incluída a condição social da intelectualidade. Se todas as pessoas de uma ou de outra forma se ocuparem intelectualmente, não haverá motivo para singularizar os intelectuais como estrato dotado de características especiais e de tarefas sociais igualmente especiais: a totalidade das pessoas desenvolverá a inteligência. Isto é particularmente evidente se levamos em conta que a educação permanente (*continuous education*) será uma das principais formas de resolver o problema do desemprego estrutural. De outro modo se coloca a questão dos intelectuais (no sentido do trabalho criativo) que, em qualquer formação social, permanecerão como um grupo social distinto ainda que relativamente pequeno, embora sob as novas condições seu número possa crescer quando comparado aos dados de hoje, a não ser que a engenharia genética torne possível a produção em série de gênios. Mas isto já faz parte da ficção científica, pelo menos considerando o nível atual dos nossos conhecimentos neste campo.

MUDANÇAS NA FORMAÇÃO SOCIAL DA SOCIEDADE 49

Ao contrário, a eliminação da diferença entre o trabalho no campo (na agricultura) e o trabalho nas cidades (na indústria e nos serviços) continua sendo uma exigência, embora sua realização pareça, hoje, mais promissora que no passado. Já a aplicação da microeletrônica ao maquinário agrícola, atualmente, torna possível realizar automaticamente certas operações no campo inclusive durante a noite: melhor fertilização automática do solo antes da semeadura etc. Os novos avanços da engenharia genética permitirão aos agricultores não apenas incrementar imensamente as colheitas, como também selecionar as plantas mais resistentes às condições climáticas. A simbiose das plantas com certas bactérias permitirá que aquelas assimilem nitrogênio diretamente da atmosfera sem a necessidade da fertilização do solo etc. Os avanços neste campo são enormes e resta esperar que sejam ainda maiores no futuro. Contudo, o trabalho agrícola, especialmente a criação de animais, continua se diferenciando qualitativamente do trabalho nas zonas urbanas, e a eliminação dessa diferença, no entanto, não se apresenta ainda no horizonte.

Evidentemente, o desenvolvimento dos modernos meios de comunicação de massa aproxima as zonas rurais dos centros culturais e permite aos agricultores uma melhor utilização do que produzem. A vinculação às cidades de povoados isolados ou até de granjas isoladas por meio das fibras óticas e dos computadores, que já ocorre no Canadá, pode reduzir enormemente a sensação de isolamento de que padecem as pessoas que trabalham na agricultura. Meios de transporte modernos, cada vez mais aperfeiçoados e acessíveis – automóveis, helicópteros, pequenos aviões, barcos a motor etc. – constituem também um passo nesta direção. Apesar disso, permanece sempre a diferença qualitativa e quantitativa entre trabalho agrícola e trabalho urbano (sempre segundo os dados de que dispomos hoje) não obstante a atual revolução industrial. Analogamente, a despeito de todos os progressos realizados, o isolamento do camponês dos grandes centros continuará a incidir negativamente sobre as suas atividades culturais, sociais, políticas etc.

Poderíamos obviamente imaginar uma mudança radical no atual modelo de urbanização, com sua tendência a criar megalópoles desastrosas por seu tamanho e pela consequente forma de vida que impõem aos seus habitantes. Também poderíamos sonhar com cidades-jardins e com mesclas de assentamentos urbanos e rurais que, ao modificarem seu tamanho e as distâncias entre elas, eliminariam a maior barreira que impede que se aproximem umas das outras do ponto de vista da qualidade de vida. Infelizmente, tudo isto continua sendo ficção científica. Contudo, deveríamos também nos interessar por este gênero literário, pois ele nos revela o que é não só desejável como também plausível, tendo em vista as possibilidades tecnológicas atuais. E isto já é muito.

O problema do nivelamento das diferenças sociais existentes, isto é, o problema de um igualitarismo social específico que deve ser obtido como consequência das mudanças tecnológicas e da base da sociedade, é todavia mais complexo. Existe uma escola de pensamento que afirma que os avanços no igualitarismo relativo da esfera econômica eliminariam automaticamente outras diferenças da vida social. Creio que esta opinião peca por excesso de otimismo. Tais mudanças podem conduzir a um incremento do igualitarismo social até a abolição das diferenças de classe, mas podem também – e este é um perigo real – produzir a aparição de outras diferenças, talvez ainda maiores que as anteriores, incluindo a formação de um novo tipo de sociedade totalitária. Entretanto, isto já nos leva a refletir sobre a formação política da sociedade, que deveremos estudar no próximo capítulo. Por ora queremos apenas assinalar um problema fundamental que pertence à categoria das questões sociais tais como as definimos aqui.

Não cabe qualquer dúvida quanto ao fato de que o desaparecimento do trabalho no sentido tradicional, aliado ao desaparecimento da propriedade privada dos meios de produção – ou pelo menos a uma mudança de *status* da mesma –, com a consequente modificação da estrutura de classes da sociedade, eliminará, ou pelo menos debilitará, certas diferenças sociais entre as pessoas. Isto afeta principalmente as diferenças que se baseiam na riqueza e, provavelmente, aquelas relacionadas com a origem de classe (as diferenças relacionadas com a origem nacional e a religião são muito mais persistentes, como tem demonstrado a experiência). Seria um importante passo em direção a um igualitarismo social específico se não acarretasse o perigo de surgirem novas diferenças, que poderiam ser muito profundas sob certas condições políticas.

Quais são as fontes desse perigo?

MUDANÇAS NA FORMAÇÃO SOCIAL DA SOCIEDADE 51

Pode-se produzir uma nova divisão entre as pessoas, a saber, uma divisão entre as que têm algo que é socialmente importante e as que não têm. Este "algo", no caso, é a informação no sentido mais amplo do termo que, em certas condições, pode substituir a propriedade dos meios de produção como fator discriminante da nova divisão social, uma divisão semelhante, mas não idêntica, à atual subdivisão em classes.

Atualmente podemos observar uma divisão clara – algo parecido com a incultura das massas e a cultura de um número ainda reduzido de pessoas iniciadas na ciência dos computadores – entre as que conhecem e as que desconhecem o funcionamento dos computadores. Não me refiro aqui à diferença entre este "conhecimento" e a "ignorância", já que este é um fenômeno transitório que não tardará a desaparecer quando forem modificados os currículos escolares. Refiro-me na realidade a algo que será muito mais persistente (e que, inclusive, poderá se agravar) e que diz respeito à "informação".

Quando falamos de sociedade informática referimo-nos a uma sociedade em que todas as esferas da vida pública estarão cobertas por processos informatizados e por algum tipo de inteligência artificial, que terá relação com computadores de gerações subsequentes. O problema não está no modo como ocorre este processo nas diversas esferas da vida pública; o verdadeiro problema é quem deve gerir os resultados deste processo informático generalizado e como utiliza os dados que tem à sua disposição. Quanto maior é a expansão do processo, maior é o perigo de uma divisão entre os que possuem e os que não possuem as informações adequadas. Esta divisão, sob determinadas condições, pode assumir um caráter de classe, como já constatamos antes. Tentarei explicar esta afirmação geral através de um exemplo concreto.

A Câmara dos Representantes dos Estados Unidos criou um laboratório especial destinado a estudar a influência das novas técnicas de informação na esfera da vida privada (*privacy*) e nos direitos civis dos cidadãos norte-americanos. A que se deve esta preocupação? Os perigos resultantes da computadorização generalizada são tão óbvios para estas esferas que os sindicatos começaram a reagir diante deles, não apenas nos Estados Unidos. Tudo começou com a supervisão das operações do trabalhador: o computador registra cada operação, cada interrupção do trabalho, o ritmo, a produtividade etc. Comprovou-se que este controle provoca *stress* nos trabalhadores, tanto mais que os resultados de tal "observação" podem levar à demissão, e isto num período em que, devido ao desemprego em massa, intensifica-se a concorrência. Neste sentido, é evidente o motivo da intervenção dos sindicatos. Mas o problema se torna muito mais sério quando levamos em conta todas as informações recolhidas sobre cada cidadão.

Toda instituição que tenha contatos com uma pessoa reúne informações sobre ela na esfera de seu interesse e armazena estas informações na memória de um computador. Isto é feito pelos patrões, pelas instituições de seguro social, pelos hospitais e ambulatórios, pelas escolas, pelos partidos políticos, pelos sindicatos etc.

Em princípio, cada uma destas instituições recolhe informações para si. Mas imaginemos uma situação em que uma "super-instituição" qualquer (na maioria dos países as informações recolhidas deste modo são secretas e não acessíveis a outras instituições ou cidadãos privados) conseguisse recolher dados pertinentes de todas as instituições que os possuem e submetesse estes dados a uma análise integrada. Estas instituições existem em *qualquer* país e não estão submetidas à obrigação habitual de guardar segredo quando são chamadas a defender um "interesse mais elevado". Uma instituição deste tipo poderia não apenas saber praticamente tudo sobre uma determinada pessoa, mas, ademais, na prática, poderia conhecê-la mais e de forma mais confiável do que esta se conhece a si mesma (o que é compreensível se consideramos as barreiras psicológicas que impedem a autoanálise). Mas poderia proporcionar oportunidades fantásticas, não apenas para a chantagem, mas também para os mais refinados métodos de manipulação de pessoas. Imaginemos pois esta instituição no interior de uma burocracia forte e bem organizada e não estaremos longe da visão de Orwell. Há, pois, motivos para preocupação e para "espremer" o cérebro a fim de evitar o mal. Como veremos em nossas reflexões sobre a formação política da sociedade, o problema não é simples nem fácil de resolver.

Mas voltemos à intrigante possibilidade de que surjam novas desigualdades sociais e ao paralelo renascimento de uma divisão quase classista da sociedade informática. Trata-se de algo mais que um perigo, é inevitável que o advento da sociedade informática possa produzir uma nova divisão entre os que têm e os que não têm. Esta

MUDANÇAS NA FORMAÇÃO SOCIAL DA SOCIEDADE 53

situação criará, portanto, uma nova base que, através da diferenciação social, poderá produzir algo semelhante à diferenciação existente entre as classes. Mesmo assim, não se tratará da trivial divisão entre aqueles que dispõem de um adequado conhecimento técnico no âmbito da informática e aqueles que carecem de tal conhecimento. Como dissemos, esta divisão poderá ser facilmente eliminada por meio de uma ampliação apropriada dos programas escolares, o que de resto já ocorre hoje. A divisão se dará, antes, entre aqueles que possuem informações pertinentes sobre diversas esferas da vida social e aqueles que estarão privados destas em razão de leis relativas a segredos oficiais. Um grande perigo e um problema difícil! Mas com isso entramos em uma nova esfera igualmente social, a saber: a política.

4

MUDANÇAS NA FORMAÇÃO POLÍTICA DA SOCIEDADE

Enquanto o caráter da formação econômica da sociedade é determinado pela propriedade dos meios de produção (entendemos por meios de produção tanto os instrumentos quanto as matérias-primas), isto é, pela propriedade privada ou pública destes meios, o da formação social da sociedade é determinado pela estrutura de classes e o da formação política da sociedade, pela relação entre o indivíduo e a sociedade, isto é, entre o indivíduo e as instituições públicas, principalmente o Estado. A formação política da sociedade significa, pois, a totalidade das relações entre o indivíduo, as instituições públicas e a sociedade. Essas relações caracterizam-se principalmente pela existência da democracia, no sentido etimológico da palavra – isto é, "poder do povo" –, ou pela sua ausência no sentido do domínio de um indivíduo sobre o restante da sociedade (autocracia), ou do domínio de uma certa classe social sobre o restante da sociedade (aristocracia ou domínio das classes proprietárias, do escravismo ao capitalismo), ou ainda – no sentido mais geral – da total subordinação dos indivíduos ao poder do Estado e a seus organismos (totalitarismo).

É óbvio que esta classificação é esquemática, mas não perde de vista a democracia como problema central. O termo "democracia" é ambíguo e os problemas relacionados a ele apresentam aspectos distintos, o que supõe também a existência de diversas formas de enfocá-lo. Finalmente, o sentido deste conceito experimentou variações ao longo da história em função das realidades concretas dos diversos períodos e países. Assim, quando falamos de "democracia" nos expomos inevitavelmente a questões do tipo: "afinal, do que estamos falando?" São tantas as escolas de pensamento, cada uma com sua resposta, que passa a ser até questionável a possibilidade de um entendimento a respeito. Mas isto já faz parte dos debates acadêmicos, enquanto o que aqui nos interessa pode ser reduzido à interpretação dada pelo simples senso comum. Assim, se abordamos o problema do ponto de vista de uma época determinada e aceitamos seu sistema específico, mas muito mais geral de valores, podemos captar o essencial sem excessivas complicações. Em nossa época e sob as condições dominantes, pode-se formular o problema da seguinte maneira: até que ponto pode o indivíduo participar da tomada de decisões que determinam o destino de sua sociedade, dos níveis mais baixos aos mais altos, conservando ao mesmo tempo o direito a uma relativa independência de sua personalidade?

É certo que cada uma das palavras que acabamos de citar implica problemas próprios, às vezes extremamente complicados, mas, ao mesmo tempo, permanece um "resto", que nos permite aqui formular a mais difícil das perguntas: a revolução industrial atual afetará a formação política e, principalmente, a implementação prática da democracia nas sociedades existentes atualmente no Ocidente e no Oriente (no sentido político e não puramente geográfico dessa divisão)? Em caso afirmativo, de que modo o fará? Neste caso, trata-se antes de tudo do problema da realização da democracia.

Os autores da citada *The Triple Revolution* mostram-se otimistas, e inclusive eufóricos, sobre a questão dos progressos da democracia na era da então chamada "revolução da cibernética", no que se referia aos países capitalistas altamente industrializados. Concluíram seu documento com a seguinte afirmação: "A revolução da cibernética oferece uma existência que será qualitativamente mais rica tanto em valores democráticos como materiais (...) A democracia somente pode fixar raízes em uma ordem política na qual a riqueza seja distribuída para e entre as pessoas e utilizada para o mais amplo benefício social. Com a emergência da era da abundância temos a base para uma verdadeira democracia participativa, na qual os homens não precisarão mais se sentir prisioneiros de forças sociais e de decisões que escapem ao seu controle e compreensão".[1]

---

[1] The cybernetic revolution proffers an existence qualitatively richer in democratic as well as material values... Democracy can only be rooted in a political order in which

MUDANÇAS NA FORMAÇÃO POLÍTICA DA SOCIEDADE   57

Pode-se perceber nesta afirmação matizes de uma interpretação espontaneamente materialista (ou economicista?) da história. O que foi dito parece nobre e correto quando o vemos como possibilidade, mas, na minha opinião, é excessivamente otimista. Em primeiro lugar, falta a este diagnóstico qualquer reconhecimento do perigo de uma nova linha divisória entre os proprietários e os não proprietários, divisão que, como vimos, pode engendrar novos conflitos praticamente baseados em classes. No início dos anos sessenta este aspecto do problema ainda não existia ou existia apenas de forma embrionária. Hoje nos defrontamos com o fenômeno em sua forma madura, ainda que o desenvolvimento ulterior possa produzir formas certamente ainda mais perigosas.

Tudo isto nos leva a considerar a perspectiva de um capitalismo limitado, cujo modelo já esboçamos no capítulo anterior, como o tipo de desenvolvimento provável para os países altamente industrializados sob a pressão cada vez mais intensa da segunda revolução industrial e do consequente desemprego estrutural. Queremos aqui chamar a atenção para duas possibilidades de ameaça à democracia nesta situação. Em primeiro lugar, refiro-me à classe dos capitalistas individuais com rendas reduzidas mas ainda – embora com algumas restrições – em condições de controlar a indústria e os serviços em seus pontos-chave. Eles terão ainda um poder enorme, especialmente se levarmos em conta o crescente monopólio da informação que corresponderá ao estrato social especialmente qualificado, isto é, à burocracia em distintos níveis, e também àqueles que deterão um "saber" devido a suas especializações profissionais. Não produzirá isto uma "aliança" *sui generis*, e em alguns casos inclusive uma "união pessoal", entre aquela classe residual de capitalistas e os "neo-capitalistas", que terão à sua disposição as fontes de informação? Certamente esta aliança se formará, ou pelo menos haverá tendências para que se forme, pois seria uma ingenuidade política acreditar que a velha classe capitalista abandone suas posições sem resistência e sem tirar

---

wealth is distributed by and for the widest social benefit. With the emergence of the era of abundance we have economic base for a true democracy of participation, in which men no longer need to feel themselves prisoners' of social forces and decisions beyond their control of comprehension.

partido das possibilidades positivas. A informação poderá então reforçar o poder político desta classe em declínio, especialmente se levarmos em consideração outros elementos como o nacionalismo ou a "luta contra o comunismo", que poderão então funcionar com eficácia não menor do que hoje. Não devemos também esquecer que existirá um *military establishment* interessado em provocar conflitos internacionais reais ou imaginários.

As observações precedentes respeitam o princípio geral segundo o qual os problemas políticos não deveriam ser tratados fora do contexto social. Se observamos este princípio, então a citada euforia democrática começa a esmaecer e todos os perigos relacionados a ela começam a se revelar com maior agudeza. Esta classe capitalista em declínio que, repetimo-lo, ainda controla a indústria e os serviços, luta para conservar suas posições e tem ligações com o *military establishment* e com pelo menos uma parte da burocracia da era da informática, estará realmente interessada em promover aquela democracia política favorável ao desenvolvimento de uma sociedade do bem-estar? A meu ver, certamente não. Esta classe terá numerosas oportunidades para obstaculizar um desenvolvimento deste tipo e inclusive para bloqueá-lo por completo. Como poderia fazê-lo? Favorecendo a formação de uma sociedade que seria materialmente rica mas *totalitária* e, portanto, dócil. Tudo isto é possível e, levando em conta os métodos utilizados pela propaganda nacionalista e anticomunista que conhecemos muito bem por experiência própria, bem mais provável que um desenvolvimento no sentido da democracia.

Mas esta é apenas uma das esferas de ameaça. Há ainda uma outra, bem mais perigosa por não estar ligada à classe em declínio, mas a uma instituição que continua se desenvolvendo e que provavelmente será ainda mais forte no futuro (mesmo que isto possa ocorrer apenas por razões econômicas e organizativas) do que atualmente. Refiro-me às empresas multinacionais (*international corporations*) que, mesmo hoje, em alguns casos, são economicamente mais fortes que muitos grandes Estados e que, além disso, graças à sua estrutura internacional e ao correspondente âmbito de influência, têm grandes possibilidades de interferir na política internacional. Se menciono em primeiro lugar esta influência na política internacional é porque ela tem uma enorme importância no que se refere ao apoio às citadas tendências totalitárias.

MUDANÇAS NA FORMAÇÃO POLÍTICA DA SOCIEDADE 59

O desenvolvimento econômico e social futuro não apenas não reduzirá a influência das empresas multinacionais (apesar da crítica sempre repetida de que suas atividades favorecem o imperialismo e o neocolonialismo), mas ao contrário a aumentará, em consequência da tendência ao desenvolvimento de um sistema econômico global. Esta tendência converte as *transnationals* em precursoras e, em certo sentido, em modelos da futura organização das relações econômicas. Entre outras vantagens, seu caráter supranacional lhes garante uma significativa elasticidade e efetividade, tanto no processo de produção quanto no âmbito dos serviços. Mas tão logo estas multinacionais se ligam às economias nacionais dos vários países, o que pode também ter efeitos positivos, elas adquirem uma influência enorme sobre esta economia, por meios tanto legais quanto ilegais (corrupção). Esta influência será tanto mais inevitável quanto mais pobre for o país submetido a elas. Se acrescentarmos ainda a arma da informação, que lhes permite atuar de maneiras diversas e ramificadas, com ligações também extra-econômicas, então temos a visão do quadro de uma nova etapa de desenvolvimento do imperialismo, que está ainda à espera de uma análise aprofundada.

É óbvio que este é um elemento significativo não apenas da influência desta classe dos capitalistas que se transforma, mas também do possível êxito das tendências totalitárias, que coincidirão com as ações de autodefesa desta classe. Este é precisamente o motivo pelo qual a forma futura da sociedade informática não pode ser definida com clareza e pelo qual acabamos por ter todos os motivos para sermos céticos quanto ao seu caráter democrático.

Existem, com efeito, dois caminhos de desenvolvimento para os países capitalistas altamente industrializados.

Em primeiro lugar, é possível que o desenvolvimento siga o curso indicado em *The Triple Revolution*, isto é, uma evolução para uma sociedade que não apenas será materialmente mais rica, mas que atingirá também um nível superior de democracia. Ela permitiria não apenas que todos os cidadãos participassem da crescente riqueza nacional, mas, além disso, que desfrutassem da condição de pessoas liberadas das preocupações materiais e, que, em consequência, pudessem se dedicar ao desenvolvimento criativo de sua personalidade e aos problemas sociais. Isto não é uma utopia, é uma pura possibilidade real que poderia se materializar nos países ricos e altamente industrializados, caso não vissem seu caminho obstruído pelos interesses particulares das classes proprietárias.

Em segundo lugar, o desenvolvimento abre também outro caminho, a saber: o que conduz a uma sociedade opulenta (também em termos de riqueza individual), mas totalitária no sentido político. A opulência das massas não é uma ameaça para as classes proprietárias; ao contrário, torna as massas mais tranquilas e submissas, especialmente se puderem ser persuadidas de que sua opulência se deve aos que estão no poder. O verdadeiro perigo está na democracia, que pode ampliar a participação política das massas. Pode-se, portanto, prever que as classes proprietárias passem ao contra-ataque com medidas políticas para anular esta tendência.

O que acabo de dizer sobre este caminho democrático de desenvolvimento é apenas uma possibilidade. O perigo de que este caminho seja bloqueado pelo totalitarismo continua sendo real; semelhante curso dos acontecimentos privaria o indivíduo da possibilidade de atuar livremente e de optar pela real participação das massas na vida política.

Estas considerações não são simples especulações e divagações abstratas, como poderiam parecer. As premissas do meu raciocínio encontram-se nos fatos inegáveis que podem ser observados hoje e em sua possível evolução. Meu raciocínio não sugere reflexões abstratas, mas exige medidas políticas reais. Se estamos conscientes dos possíveis caminhos que os acontecimentos poderão tomar nos países altamente industrializados, então *temos que atuar* a favor de uma evolução democrática, declarando que aceitamos o sistema de valores aprovado em maior ou menor parte por todos. Esta é uma advertência dirigida em particular aos partidos políticos que contemplam em seu programa o progresso social, e é uma advertência que nos recorda que a segunda revolução industrial de modo algum nos conduz automaticamente a formas superiores de democracia e, sob determinadas circunstâncias, pode conduzir a uma negação total da democracia. O que pessoalmente mais me alarma é a falta de compreensão desta verdade evidente precisamente nos programas dos partidos progressistas, incluindo os partidos revolucionários de ideologia marxista. A abolição da propriedade privada dos meios

MUDANÇAS NA FORMAÇÃO POLÍTICA DA SOCIEDADE 61

de produção, pela qual esses partidos lutam e que colocam como palavra de ordem nas manifestações em praça pública, em grande parte se materializará espontaneamente como resultado dos avanços da revolução microeletrônica. A luta por uma forma democrática de sociedade no futuro próximo, sobre a qual guardam silêncio, requer ao contrário uma mobilização das forças políticas e a sensibilização das massas a partir de agora.

O surgimento do fascismo no passado recente deveria servir como uma severa advertência. Naquele período o totalitarismo se afirmou triunfalmente diante da surpresa de muitos, incluindo os movimentos revolucionários de todo o mundo. Este fenômeno ocorreu porque as pessoas não souberam e inclusive não quiseram acreditar no que viam. A história demonstrou o que pode fazer a *fúria* das classes proprietárias quando seu poder se vê ameaçado. Tudo isto pode se repetir, a despeito das belas perspectivas para o futuro, mas desta vez devemos nos opor com todas as nossas forças. Infelizmente, os partidos progressistas e revolucionários perderam sua clarividência e imaginação social – exceto no que se refere ao perigo da guerra e à proliferação dos armamentos a ela ligada – porque ficaram estagnados na defesa daquilo que conquistaram. Este quietismo é hoje simplesmente um crime político e o empenho dos teóricos dedicados às questões sociais deveria ajudar os partidos progressistas a tirá-lo dos ombros. Aqui se coloca a questão da responsabilidade moral dos estudiosos.

E o que dizer das implicações da segunda revolução industrial sobre a formação política dos países do socialismo real? Até aqui nossa análise se limitou aos países capitalistas altamente industrializados, mas já dissemos que o impacto da citada revolução na vida das sociedades hoje existentes é suprassistêmico. Se nos países socialistas alguns fenômenos da formação econômica e social da sociedade se manifestam com menos força, ou inclusive não são ainda observáveis, isto se deve ao atraso relativo destes países (em comparação com os países altamente industrializados) na aplicação da microeletrônica na produção e nos serviços. Mas os problemas se farão sentir, ainda que seja com algum atraso.

A meu ver, devemos concentrar nosso interesse principalmente nas implicações da revolução industrial sobre a formação política destas sociedades. Na esfera da formação econômica e social destes países, os problemas cuja solução postulamos mais acima (a propriedade dos meios de produção e a estrutura de classes) já foram resolvidos, o que lhes dá uma vantagem sobre os países capitalistas do ponto de vista das dificuldades que enfrentarão no período de transição. Obviamente que também nesta esfera certas questões permanecem pendentes e será necessário resolvê-las no futuro próximo (por exemplo, o grande complexo de problemas econômicos e sociais relativos à questão "socialização ou nacionalização" dos meios de produção).

Comecemos com a afirmação – que deve, no entanto, ainda ser submetida à prova – de que enquanto nos países capitalistas o principal problema resultante da atual revolução industrial consiste na mudança de sua formação econômica e social, nos países do socialismo real a consequência social mais evidente desta revolução consiste na necessidade de uma mudança de sua formação *política* (no sentido de mudanças no interior desta formação). De acordo com o que foi dito sobre os principais problemas e sobre as forças motrizes desta formação, conclui-se que o principal problema emergente é o da democracia.

Não discutiremos aqui a relação existente entre a ditadura do proletariado e a democracia. Discussões deste tipo estão repletas de termos vagos e ambíguos, como, por exemplo, *ditadura* e *democracia*; há, além disso, diferenças fundamentais na interpretação do termo *ditadura do proletariado* por parte dos próprios autores considerados como as maiores autoridades da teoria marxista (Engels, Lênin, Gramsci). Não é, portanto, oportuno mencionar questões que são polêmicas no interior do próprio marxismo e damos por assentado que a ditadura do proletariado é uma forma específica (ou até mesmo mais alta) de democracia. Este sistema, com efeito, encarna em certo sentido uma forma de democracia que é superior à democracia burguesa: aboliu a propriedade privada dos meios de produção e, por isso, eliminou uma das maiores fontes de desigualdades sociais, ou seja, um obstáculo que se colocava no caminho para uma democracia real, e não meramente formal.

Tudo isto é certamente verdade, mas o problema da democracia não se limita a seu aspecto econômico e, portanto, a afirmação de que a ditadura do proletariado, tal como se manifesta hoje nos países do socialismo real, representa uma forma *superior* de democracia é no

MUDANÇAS NA FORMAÇÃO POLÍTICA DA SOCIEDADE 63

mínimo exagerada. Para ser verdadeiramente superior à democracia burguesa, ela teria de conservar todas as conquistas desta (conquistas que são incontestáveis e que foram alcançadas na luta contra o feudalismo) e acrescentar a elas novas conquistas, de modo a transformar os requisitos formais da democracia burguesa em requisitos reais. Mas isto não deveria ser feito limitando, e muito menos anulando, os progressos já alcançados. Refiro-me em primeiro lugar às chamadas "liberdades civis". Tampouco aqui entrarei em discussões críticas; ao invés disso, concentrar-me-ei nas prováveis mudanças que decorrerão dos novos avanços da revolução industrial.

Em primeiro lugar, cairão certamente as restrições à liberdade de pensamento no campo científico, não apenas naquele direta ou indiretamente ligado à tecnologia e não apenas pelo temor de perder a corrida ao século XXI, através do longo caminho indicado pela revolução técnico-científica. Se as conquistas científicas fossem determinadas pelo número de palavras pronunciadas sobre esta revolução, então os países do socialismo real estariam na frente. Infelizmente, no entanto, estes países, em comparação com os países capitalistas altamente industrializados, permaneceram atrasados em campos que podem ser decisivos para a mencionada corrida, especialmente na microeletrônica e na microbiologia (incluindo a engenharia genética).

Se refletimos um instante sobre as causas deste fenômeno, temos que chegar à conclusão de que – ao lado da petrificação de muitas disciplinas humanistas (em primeiro lugar a filosofia), sem as quais não é possível nenhum desenvolvimento amplo das ciências naturais – o fator que desempenhou o maior papel foi a falta de liberdade de pensamento e de discussão científica, que conduz inevitavelmente à decadência qualquer campo da ciência, incluindo a ciência natural, que é a que agora nos interessa. Um exemplo aterrador pode ser visto na destruição da biologia por Lysenko e seus seguidores, que, gozando do apoio incondicional das autoridades políticas, fizeram regredir em vários decênios o desenvolvimento da biologia nos países do socialismo real. Outros exemplos poderiam ser mencionados em relação à cibernética, à química, à teoria da relatividade etc.

Não queremos, através destas recordações (que, infelizmente, não são apenas simples recordações), cair em exercícios masoquistas, mas simplesmente constatar em termos gerais que sem o triunfo da liberdade de pensamento em *todos* os campos científicos (incluindo as humanidades e, em especial, a filosofia), não é possível superar esta crise. E se esta crise não for superada, então enfrentaremos o perigo de uma derrota com graves consequências práticas, porque a corrida ao século XXI ocorre não apenas na esfera dos armamentos (embora, infelizmente, também não se deva subestimar esta esfera), mas também, e talvez principalmente, no âmbito da revolução técnico-científica.

Precisamente por isso sou otimista: em um determinado momento – espero que não tarde muito – os que estão na "cúpula" compreenderão as regras do jogo. E então presenciaremos um acontecimento semelhante ao que ocorreu na década de 50 na União Soviética, de que foi protagonista o acadêmico Berg, quando alguns filósofos marxistas rejeitaram a cibernética e impediram o desenvolvimento desta disciplina na União Soviética. Berg reuniu estes filósofos e lhes disse: camaradas, não temos a intenção de perder a guerra devido às vossas objeções; a cibernética é indispensável para a construção de mísseis balísticos. O número seguinte de uma revista filosófica já incluía um trabalho que exaltava a cibernética (e o autor era um filósofo que até então havia se oposto a ela).

Para não perder a corrida entre os dois sistemas, deveríamos dizer, em termos muito gerais: camaradas, necessitamos da democracia entendida como liberdade de pensamento e de discussão científica, que acabe com todos os tabus existentes, porque, em caso contrário, perderemos a corrida ao século XXI. Esperemos que esta exigência seja compreendida o mais rapidamente possível, porque nos encontramos já na situação conhecida pelos jogadores de xadrez que dispõem de pouco tempo para jogar. Se esta compreensão chegar a tempo – continuo sendo otimista a respeito – deveremos isto às consequências sociais da atual revolução industrial.

Entendemos a democracia não apenas no sentido da liberdade de pensamento científico, mas também no sentido mais amplo das liberdades políticas. Ampliar-se-á também esta esfera da democracia?

A difusão da liberdade de pensamento científico agirá nesta direção sobre a consciência social. Dado que esta liberdade, como já foi dito, é indispensável se não quisermos perder a corrida ao século XXI, não podemos consentir que sejam traçados limites que separem a teoria da prática – que a dita liberdade seja admitida na teoria, mas

MUDANÇAS NA FORMAÇÃO POLÍTICA DA SOCIEDADE

não na prática; determinados âmbitos da ciência não podem ser deixados de fora desta tendência orientada para a liberdade sem colocar em perigo toda a operação, pois estão vinculados organicamente à política e à ideologia. Refiro-me a todas as ciências humanas e, em especial, à filosofia e às ciências sociais. Não podemos tolerar uma situação na qual os cientistas que desfrutam de liberdade de investigação e de divulgação de suas opiniões em certas disciplinas teóricas devam manter a boca fechada em questões de política prática, em particular se suas indagações teóricas assumem muitas vezes um caráter diretamente político. Encontramo-nos diante de um *aut aut*: ou restringir as conquistas da ciência, aceitando todos os riscos políticos resultantes, ou admitir a liberdade de investigação e de divulgação de teorias também pertinentes à prática política. Neste último caso, no entanto, ocorrerão consequências no espírito da democracia política, com a mudança da formação política atualmente dominante. Este curso dos acontecimentos será também mais provável na medida em que a tendência a desenvolver o autogoverno em várias formas e em vários níveis da vida social agirá na mesma direção. Este aspecto será comentado mais adiante, já que se trata de uma das principais consequências sociais da atual revolução industrial.

Finalmente, intervirá também um outro fator um tanto quanto paradoxal mas, apesar disso, real: com o desaparecimento da classe trabalhadora em sua forma clássica como consequência inevitável da automação e robotização da produção e dos serviços, o problema da ditadura do proletariado assumirá formas totalmente novas. Já nos referimos anteriormente a certas dificuldades relacionadas a este problema e que alimentaram sérias polêmicas no interior do movimento comunista internacional. Contudo, como tem sido demonstrado pelos fatos, o conceito pode ser ainda conservado, como se viu claramente nos países do socialismo real. Todavia poderia afirmar-se (ainda que de forma não muito digna de crédito) que o que estava em jogo *objetivamente* era o interesse do proletariado e, consequentemente, que o poder político neste sentido era o próprio poder político do proletariado. Mas nenhuma interpretação e nenhum truque servirão se o proletariado desaparecer ou diminuir visivelmente como classe social. De que tipo e de quem será a ditadura do proletariado *sem* o proletariado?

Creio que numa situação como esta, agrade ou não, desaparecerá a força ideológica das velhas teorias que ainda podem pesar sobre a prática política em razão da tradição. Os velhos estereótipos desaparecerão e será necessário começar a pensar por conta própria. Isto não significa nenhuma solução automática do problema seguindo o espírito de um crescimento real da democracia, mas já significa muito: é preciso refutar a falsa justificação segundo a qual "a nossa democracia é assim", como se a democracia de todos, ainda que supostamente superior, pudesse consistir na negação dos próprios fundamentos da democracia. E significa também muito porque elimina as bases de argumentação, inclusive no caso das personalidades muito afetadas pelos mecanismos de defesa da *cognitive dissonance*, e faz com que abram os olhos para ver a realidade. Na situação que estamos estudando, significa uma magnífica oportunidade de conseguir novos partidários da democracia também nos países do socialismo real, modificando assim a formação política destes países e tornando-a mais democrática.

Estas são as possibilidades. Isto significa que forçosamente se materializarão? Não pretendo dizer que sim, ainda que o desejasse muito, dado que, do contrário, nos veremos diante do desastre. Infelizmente não é possível excluir totalmente tal desastre: já estão em funcionamento poderosos mecanismos conservadores e, assim como no caso dos países capitalistas, também é possível uma guinada para o totalitarismo.

Esta hipótese é talvez mais provável pelo fato de que alguns elementos de totalitarismo, ocultos sob a fórmula sutil segundo a qual "a ditadura do proletariado é uma forma superior de democracia" (e em várias formas isto depende da tradição local e dos hábitos sociais da população), são já, hoje, observáveis em todos os países do socialismo real. Estes países são ainda socialmente muito débeis para aceitar formas plenamente democráticas de poder, ainda que, por terem posto fim à propriedade privada dos meios de produção, tenham assentado as bases reais para o desenvolvimento da democracia.

Encontramo-nos, pois, diante da seguinte alternativa: evolução para a democracia ou para alguma forma de totalitarismo. Obviamente que a segunda alternativa significa uma derrota total na competição com os países capitalistas, uma derrota pela qual teríamos que pagar um alto preço. Apesar disso, esta possibilidade continua existindo.

MUDANÇAS NA FORMAÇÃO POLÍTICA DA SOCIEDADE 67

Existem, nos países do socialismo real, forças sociais que poderiam fazer com que os acontecimentos seguissem este curso, o que em última instância seria fatal? Sim, existem. Estas forças são o partido e a burocracia de Estado, que defendem sua posição dominante, posição que inevitavelmente perderiam se o sistema fosse democratizado. Consequentemente, opõem-se a qualquer mudança, às vezes inclusive acreditando sinceramente em sua fraseologia ideológica. Mas tudo isso é meramente provável. Não existe nenhuma certeza no que se refere ao futuro. Muitas são as variáveis em jogo para que se possam fazer previsões precisas. Por este motivo devemos, não apenas expor as duas alternativas possíveis, mas também apelar a todos aqueles de quem depende o curso que desejamos, para que favoreçam a tendência democrática em sua atividade prática. Isto seria certamente vantajoso não apenas para os países do socialismo real, mas também para o mundo em geral, já que qualquer modificação do equilíbrio no desenvolvimento de uma parte de nosso mundo dividido em sistemas contrapostos significaria um perigo para todos, e isto de vários pontos de vista.

Como se depreende da análise precedente, a atual revolução industrial fará com que todas as sociedades vejam com plena clareza a necessidade de fazer uma opção, na esfera da formação política, entre democracia e totalitarismo. Isto não quer dizer que o resultado desta opção seja sempre inequívoco, no sentido de ou democracia plena ou totalitarismo pleno. Em muitos casos, a forma da sociedade será mista, de acordo com as exigências da atual revolução industrial, por um lado; e da tradição local, da situação de um país determinado e do caráter social de seus cidadãos, por outro. Mas estas duas tendências, a democrática e a totalitária, funcionarão como força especial, configurando desta maneira todos os demais problemas sociais. Por outro lado, é verdade que os citados fatores e instituições sociais também influirão sobre o desenvolvimento das duas tendências principais, sobre o conflito entre elas, sobre a vitória de uma delas e sobre o seu entrelaçamento, o que poderá dar vida a soluções intermediárias de todos os tipos. Entre estes fatores e instituições sociais, o Estado requer nossa atenção especial.

Qual será a repercussão da atual revolução industrial sobre o papel e sobre as funções do Estado?

É universalmente sabido que o Estado como instituição social desempenhou um papel determinante na afirmação de totalitarismos de diversos matizes políticos. Isto engendrou, por um lado, o culto do Estado pelos partidários do totalitarismo (não camuflado nem mesmo no caso de seus partidários "vermelhos" que, usando uma liturgia marxista oficial, se permitem o luxo de uma contradição aberta ao proclamarem o desaparecimento do Estado e ao mesmo tempo promoverem o crescimento multilateral de sua força); por outro lado, sua negação violenta pelos adversários do totalitarismo, que sustentam a ideia de uma sociedade sem Estado que se governa por si mesma (é o caso dos defensores radicais mas teórica e praticamente ingênuos desta posição). O que há de ingênuo e francamente utópico na opinião destes últimos? É o esquecimento do fato de que nenhuma sociedade avançada pode prescindir da instituição, do Estado no sentido da "administração das coisas", como disse Engels. É por isso também que ninguém, salvo os anarquistas, jamais propagou tais ideias abstrusas.

Para evitar possíveis equívocos a este respeito (e tendo em vista a tese marxista do "desaparecimento do Estado" após a revolução proletária), considero necessário insistir mais uma vez no fato de que o marxismo não só se distanciou e se diferenciou claramente do anarquismo, como sempre sustentou que, numa sociedade sem distinções de classe, o Estado desapareceria como organização de coerção física e sobreviveria na função de "administrador social", isto é, como instrumento para a administração das coisas (e não das pessoas). Isto equivale a dizer que numa sociedade industrial desenvolvida (poderíamos hoje dizer: em uma sociedade informática caracterizada pela automação e pela robotização) o poder social do Estado aumentará consideravelmente.

Isto explica a ambiguidade do termo *Estado* e retira a teoria marxista da esfera do palavrório absurdo sobre o sistema sem Estado, no momento em que as funções do Estado e sua necessidade crescem a cada dia diante dos nossos próprios olhos (refiro-me a funções não ligadas a coerção física). Quem se encarregaria da planificação econômica, da saúde pública, da educação, das comunicações e dos transportes de todo tipo em um sistema social sem Estado? O Estado, hoje, é mais necessário do que ontem e o será, amanhã, mais do que hoje, e isto em decorrência dos avanços da tecnologia e das relações

MUDANÇAS NA FORMAÇÃO POLÍTICA DA SOCIEDADE 69

sociais resultantes dos mesmos. Nestas circunstâncias, se o Estado não existisse, seria necessário inventá-lo. Tudo isto não impede o aparecimento de instituições autônomas e independentes de todo tipo, pois Estado, autonomia e autogestão são conceitos complementares, e não conceitos que se excluem mutuamente, com a condição de que os seus respectivos papéis e funções sejam adequadamente compreendidos.

Dois fatores, sobretudo, contribuirão para a consolidação do Estado com todas as funções que possui hoje: o interesse das classes proprietárias, que favorecerão as soluções antidemocráticas e totalitárias e que, com este objetivo, terão necessidade de um aparato repressivo e de um aparato militar, com a tarefa de agitar constantemente o perigo de um ataque externo. É pouco provável que os conflitos e as tensões internacionais desapareçam em um futuro próximo; pelo contrário, os preparativos atuais parecem indicar que se agudizarão.

As aplicações diretas da revolução informática na esfera do funcionamento do Estado serão de dois tipos, e no momento é impossível predizer qual delas acabará por se impor.

Por um lado, os avanços da informática contribuirão para a *centralização*, evidenciando assim a necessidade e as funções do aparato estatal, que deveria coordenar e desenvolver todas as operações ligadas especialmente à planificação econômica (por exemplo, a produção e a distribuição de bens), à coleta de informações sobre cidadãos individuais (que, infelizmente, será ainda realizada por instituições especialmente criadas para este fim) e finalmente todos aqueles setores em que podem ser úteis somente informações centralizadas; serviços meteorológicos, estudos ecológicos, prospecções de fontes energéticas naturais, resultados de certos projetos de pesquisa etc. Todas estas operações são inócuas em si mesmas, mas contribuirão para intensificar as funções centralizadoras do Estado.

Felizmente, por outro lado, os avanços da informática contribuirão também para a *descentralização* das funções públicas, criando – em alguns campos pela primeira vez na história da humanidade – verdadeiras oportunidades para uma solução deste tipo. Isto vale principalmente para as administrações locais em diversos níveis, tornando possível sua independência relativa das autoridades centrais (problemas econômicos, educação, saúde, comunicações e transportes, previdência social extensiva aos velhos, jovens, inválidos etc.). Isto não contradiz a afirmação anterior no sentido de que quase todos estes problemas requerem uma atenção centralizada por parte do Estado: referimo-nos simplesmente a aspectos distintos dos mesmos problemas. Alguns deles requerem decisões centralizadas, mas outros poderiam e deveriam ser resolvidos em escala local e, por conseguinte, requerem uma descentralização das decisões. Esta é a única solução correta do dilema Estado ou governo local, dado que a rigor o dilema é apenas aparente e deve ser substituído pela fórmula "centralismo mais governo local". A solução, portanto, segue o espírito da *complementaridade* e não o espírito dos contrários que se excluem mutuamente.

Neste contexto, devemos abordar um importante problema relacionado ao autogoverno e ao governo local. O termo *governo local* pressupõe uma independência relativa das autoridades locais em relação à autoridade central. Autogoverno, por seu lado, significa autogestão por parte dos cidadãos que prescindem do Estado e de seus organismos, incluindo as autoridades locais descentralizadas. Neste sentido, o significado da expressão *autogoverno* se aproxima do termo *democracia* (etimologicamente, governo do povo), embora não seja idêntico a ele. No entanto, no início destas análises (que em certo sentido fazem parte das ciências políticas) dissemos que a democracia é o problema central da formação política da sociedade; o problema do autogoverno, em seu sentido fundamental, deve também entrar em nossa esfera de interesse. Vale a pena, pois, assinalar as implicações sociais da segunda revolução industrial a este respeito: a informática abre novas perspectivas para a democracia direta, isto é, para o autogoverno dos cidadãos no verdadeiro sentido do termo, porque torna possível estender a instituição do referendo popular em uma escala sem precedentes, dado que antes tais referendos eram praticamente impossíveis do ponto de vista técnico. Isto pode revolucionar a vida política da sociedade, no sentido de uma maior democratização.

O referendo popular, no sentido de expressão da vontade da totalidade dos cidadãos de um país sobre atos legislativos determinados ou sobre decisões importantes das autoridades, é uma instituição de democracia direta porque os cidadãos dão a conhecer suas opiniões diretamente, sem a mediação de seus representantes. É compreensível que o procedimento seja tecnicamente difícil, sobretudo nos países

MUDANÇAS NA FORMAÇÃO POLÍTICA DA SOCIEDADE

mais populosos. Por isso, embora esta instituição conste oficialmente na constituição de muitos países, raramente se recorre a ela (com a notável exceção da Suíça), simplesmente devido aos problemas técnicos que surgem, em especial quando se trata de tomar uma decisão rápida. Hoje, na sociedade informática, em que se dispõe de computadores de última geração e em que a tecnologia das fibras óticas está muito difundida, abrem-se perspectivas completamente novas: não haverá mais obstáculos para a realização da democracia direta como instituição permanente. Obviamente surgirão também oportunidades para o autogoverno dos cidadãos no sentido mais amplo da palavra. Ainda é muito cedo para tirar conclusões precisas e para delinear o novo modelo de formação política da sociedade futura. Isto seria ficção científica e não previsão científica, porque outras variáveis, a que nos referimos, intervêm também neste assunto. Portanto, também neste caso, trata-se unicamente de uma possibilidade, mas de uma possibilidade profundamente radicada na vida social e o que vier a se materializar dependerá da atividade dos próprios homens.

Para concluir, podemos generalizar uma observação que será importante para as demais reflexões que faremos sobre o papel e a posição do indivíduo na nova situação criada pela revolução industrial. Enquanto as mudanças que acompanharão esta revolução, no que se refere à formação econômica e social da sociedade, serão em maior parte espontâneas e inevitáveis, as que vierem a se produzir na formação política da sociedade serão simplesmente alternativas e preferenciais, que dependerão do sistema de valores aceito. Isto pode ser formulado de outra maneira: quanto mais subimos na esfera da superestrutura da sociedade, maior será a participação dos homens, que serão conscientes de seus objetivos e estarão em condições de *escolher*, entre as várias opções, aquelas que por alguma razão consideram mais idôneas. Deste modo, é o próprio homem que modela o seu futuro. Sua responsabilidade será maior e o importante é que faça suas opções conscientemente. Por conseguinte, a responsabilidade dos teóricos e ideólogos que trabalham neste campo também é grande: sua tarefa consiste em elevar a consciência social.

Diante da importância dos problemas em foco, deveriam prescindir de todas as considerações secundárias e de todos os tabus que possam ser impostos. O interesse social exige que tais estudiosos gozem da maior liberdade e independência. Isto vale também para os países do socialismo real, que padecem de graves inibições neste sentido.

Os problemas do futuro dos Estados nacionais pertencem ao complexo de questões da formação política da sociedade mas, tendo em vista suas conexões com problemas da cultura nacional, serão examinados juntamente com estes, no próximo capítulo.

5
MUDANÇAS NA FORMAÇÃO CULTURAL DA SOCIEDADE

Ao lado do desaparecimento do trabalho, no sentido tradicional da palavra, a mudança cultural será certamente a consequência social mais importante da segunda revolução industrial. Em minha opinião, a sociedade informática escreverá uma nova página na história da humanidade, pois dará um grande passo no sentido da materialização do velho ideal dos grandes humanistas, a saber, o do *homem universal*, e universal em dois sentidos: no de sua formação global, que lhe permitirá fugir do estreito caminho da especialização unilateral, que é hoje a norma, e no de se libertar do enclausuramento numa cultura nacional, para converter-se em cidadão do mundo no melhor sentido do termo. O problema do *status* do indivíduo em relação a estas duas questões será estudado na segunda parte deste livro. No momento, limitar-me-ei ao aspecto social da cultura nacional e universal (supranacional). Esta questão deve servir como introdução a posteriores observações sobre a condição do indivíduo humano na nova sociedade informática.

Discutiremos, por isso, as implicações e consequências sociais da segunda revolução industrial no que se refere à cultura. Mas como o termo *cultura* é ambíguo e conta com dezenas de definições, devemos esclarecer, desde já, o que entendemos por "cultura". Dado que quase todos os autores que escrevem sobre este tema oferecem as próprias definições, não tenho outro remédio senão oferecer também a minha. Entendemos a cultura como a totalidade dos produtos materiais e espirituais do homem em um período determinado e em uma determinada nação (cultura nacional), ou, no sentido mais amplo, abarcando a totalidade do gênero humano (cultura universal), ou enfim no sentido de uma parte isolada da humanidade em escala supranacional (neste último caso o critério pode ser territorial, mas pode também basear-se em uma comunidade de língua, religião etc.). Com esta interpretação do conceito de "cultura", identificamos três esferas de problemas: *a*) difusão da cultura; *b*) difusão da cultura supranacional; *c*) difusão de novos modelos de personalidade e de um novo caráter social dos homens, que estão em conexão com os dois primeiros complexos de questões.

a) Ao falar de influência da sociedade informática sobre o desenvolvimento da cultura, referimo-nos principalmente às novas possibilidades criadas para sua difusão.

É óbvio que o advento das novas técnicas de transmissão de informações – que é o traço mais característico da sociedade informática – terá repercussões sobre a cultura, entendida no sentido mais amplo do termo. A invenção do rádio promoveu a cultura porque tornou possível – em especial com o advento dos transistores – chegar aos lugares mais remotos e praticamente inacessíveis, não apenas com a difusão de notícias da atualidade, mas também com programas culturais de literatura, música e teatro. A televisão trouxe uma mudança ainda mais profunda a este respeito; as palavras são acompanhadas de imagens, o que não apenas amplia os efeitos da palavra falada, como, além disso, permite a transmissão de outros efeitos estéticos não verbais (obras de arte, paisagens de outros países, dança etc.) e de novos valores educativos (filmes científicos, culturais etc.).

Estas duas fontes de informação (denominadas corretamente de meios de comunicação de massa) viram-se recentemente completadas por uma invenção nova e muito surpreendente, que certamente revolucionará o ensino, em especial o autodidatismo. Refiro-me à didática propiciada pelos "autômatos falantes" que transmitem conhecimentos em diversos campos e estão programados de forma a estabelecer um "diálogo" com o estudante, fazendo-lhe perguntas e corrigindo as respostas equivocadas; desta forma, podem comprovar qual parte do plano de estudos foi assimilada. Já existem em funcionamento centenas de milhares destes autômatos (principalmente nos Estados Unidos), o que anuncia uma revolução total no sistema de ensino: podem servir como auxiliares no trabalho tradicional dos professores ou podem substituí-los no caso de adultos autoditadas. Se a educação

MUDANÇAS NA FORMAÇÃO CULTURAL DA SOCIEDADE 75

contínua há de ser um dos métodos (talvez o principal) capazes de garantir ocupações criativas às pessoas estruturalmente desempregadas, então é fácil compreender a extraordinária importância da difusão do conhecimento (que constitui a base do processo social de aculturamento) por meio de novas técnicas de ensino. Atualmente, todavia, tais técnicas ainda estão no primeiro estágio de desenvolvimento, mas já é possível intuir suas possibilidades futuras.

Apesar disso, estes professores autômatos são apenas um produto secundário de algo que é muito mais importante neste campo: a tecnologia da informática. Geralmente, as pessoas relacionam esta tecnologia com as técnicas do cálculo aritmético (que, embora extremamente rápidas, nada mais são do que cálculo, como aliás sugere a própria etimologia da palavra). Isto é um grande erro. A fim de calcular, o computador deve executar operações lógicas, que podem ser utilizadas em todas as esferas da atividade humana. Hoje em dia, os computadores "sabem" fazer muitas outras coisas, sem as quais a tecnologia contemporânea seria impossível. Além do mais, não estão longe de resolver o problema da inteligência artificial (algumas pessoas afirmam que isto já foi alcançado). Cada nova geração de computadores significa um passo nesta direção. Tampouco estamos longe de resolver o problema da "conversação" com o computador, não apenas por meio do teclado, que continua parecendo misterioso aos não iniciados, mas por meio de linguagem humana corrente, que o computador "entenderá" e à qual responderá com voz humana. As possibilidades tecnológicas neste campo são praticamente ilimitadas, mesmo que tudo isto ainda pareça ficção científica. A isso temos que acrescentar algo muito importante, a saber: o computador tem uma "memória" muito mais extensa do que a memória humana e com um tempo de acesso incrivelmente mais curto.

O computador é um produto do homem, portanto é parte da sua cultura. Esta tecnologia está destinada a revolucionar o processo de formação da cultura, e hoje já testemunhamos o início desta revolução. O computador servirá a muitos fins: como supermemória artificial que aliviará bastante a carga de memória humana hoje necessária, tornando assim muito mais fácil o processo de ensino; como executor, com uma rapidez surpreendente, de operações combinatórias; como idealizador de novos métodos de conhecimento humano em muitas disciplinas, incluindo aquelas que no início se acreditava estarem fechadas às técnicas informáticas (investigação histórica, jurisprudência etc.); como fator de um processo mais ágil de aprendizado e de verificação dos conhecimentos do aluno, também por meio do método da "conversação" com a máquina etc.

No momento, o emprego de todas estas possibilidades continua bloqueado pela ignorância específica das massas neste setor, dotadas, de resto, de um bom nível de instrução, mas para as quais tudo isto parece ainda mágico. Mas é significativo que as crianças e os jovens conseguem aprender as novas técnicas com muita facilidade. Quando este tipo de instrução for introduzido nos programas escolares (como já ocorre em parte), esta barreira desaparecerá rapidamente. Acrescentamos a tudo isto a miniaturização extremamente rápida do equipamento, que é constantemente melhorado e barateado como resultado da concorrência internacional, e teremos o panorama completo.

Os computadores possuem "memória", mas mesmo os maiores têm limitações a este respeito. Não obstante, tal memória pode tornar-se praticamente ilimitada quando conectada a bancos de dados nos diversos campos. Isto nos leva aos outros três elementos da revolução no fornecimento e no armazenamento de informações: bancos de dados, satélites artificiais e a comunicação por meio das fibras óticas. Limitar-me-ei a mencionar estes assuntos, sem analisá-los com maior detalhe, pois já disse no início que não era meu propósito tentar popularizar as conquistas da ciência.

b) Embora a difusão da cultura em consequência da revolução informática seja evidente por si (basta indicar os fatos pertinentes), o problema do tipo de cultura nacional e supranacional a ser alcançado como resultado dessa revolução é muito mais complexo e controvertido.

Comecemos expondo um fato que frequentemente esquecemos ao falar da cultura: a cultura de uma sociedade desenvolvida é *sempre* tanto nacional quanto supranacional, o que equivale a dizer que, ao lado dos elementos específicos da cultura de uma nação determinada, há elementos comuns a grupos de nações (cultura regional) ou universais. Não poderia ser de outro modo, se levarmos em conta os diversos canais de comunicação internacional. O próprio fato de as pessoas conhecerem línguas estrangeiras determina a interpenetração

MUDANÇAS NA FORMAÇÃO CULTURAL DA SOCIEDADE 77

das culturas. A questão é óbvia, mas quis mencioná-la para atenuar a aspereza, ainda que esta seja apenas aparente, do que direi em seguida. Refiro-me sobretudo a certas atitudes, como a disposição para agir de acordo com alguns valores da cultura nacional. O primeiro e mais frequente tipo de semelhantes atitudes (com os relativos valores e emoções) denomina-se "patriotismo".

O patriotismo, no sentido de amor pelo país em que se nasceu (este é o significado etimológico mais próximo deste termo procedente do latim), é inerente, de uma ou outra forma, a todos os seres humanos. Inclui diversos fatores que vão dos muitos primitivos aos extremamente sublimados e que dependem, entre outras coisas, do nível de educação de um indivíduo. Comecemos pelo apego ao nosso lugar de nascimento (entendido como paisagem e tipo de natureza: o mar, as montanhas, a floresta, as planícies etc.), o lugar em que passamos nossa juventude. Esta fase da vida particularmente importante para a formação destes sentimentos, especialmente a saudade da paisagem, da cor do céu, do clima etc., que alguém sente quando está longe de sua região natal. Em seguida vem a língua materna e sua beleza tal como a experimentam somente aqueles que a falam, a música e as canções do próprio país, os costumes e as tradições – que vão das tradições culinárias e gastronômicas locais às formas de comportamento em sociedade e às etiquetas correspondentes – etc. Finalmente, mencionemos as questões que exigem uma educação adequada e frequentemente um refinamento artístico: o senso dos próprios vínculos com a pátria, derivado da interiorização do passado, o amor pela arte e pela literatura nacionais, a participação no caráter social de seus compatriotas (no sentido de reações quase instintivas a estímulos definidos, reações consolidadas pelo desenvolvimento histórico da sociedade, segundo a interpretação de Erich Fromm) etc.

Como se pode ver, estamos diante de atitudes extremamente complexas, ainda que frequentemente não nos demos conta disso quando dizemos superficialmente que determinado comportamento é patriótico. Assim, o conceito é ambíguo, dada a diversidade de atitudes que denominamos de "patrióticas". À luz do que acabamos de dizer, não é de estranhar que sejamos todos, em algum sentido da palavra e até certo ponto, patriotas. Isto é assim mesmo para aqueles que negam tal atitude ou que dela não se dão conta e apenas aceitam esta verdade simples depois que ela lhe é explicada (como ocorre com o personagem de uma das comédias de Molière, Monsieur Jourdain, que ficou assombrado ao inteirar-se de que havia passado toda a vida falando em prosa).

Dado que nossas próximas reflexões penetram, *inter alia*, nos meandros do patriotismo sob o impacto da segunda revolução industrial, é necessário acrescentar alguns comentários gerais ao conceito de patriotismo, comentários que nos ajudarão a compreender a prevista transformação na sociedade informática. As atitudes resultantes da educação recebida em determinadas condições, que denominamos sumariamente de "patriotismo", podem dar origem a formas de comportamento muito variadas, ainda que pessoalmente as interpretemos sempre como manifestações de amor pelo nosso país e nossa nação.

Neste caso, o patriotismo – em minha opinião esta é a interpretação correta deste conceito e do comportamento correspondente – nos estimula a melhorar o nosso país, a extirpar os maus hábitos dos nossos compatriotas, a "brigar", por assim dizer, com a nossa própria nação. O mesmo ocorre com a educação dos filhos: seremos maus educadores se nos recusarmos a notar, ainda que animados por um amor muito forte, os defeitos das crianças e não buscamos eliminá-los antes que seja tarde demais.

Por outro lado, a atitude subjetivamente patriótica induz à glorificação de tudo o que está relacionado à própria nação, à sua história e às condições presentes, ou seja, induz ao chauvinismo. Ao contrário do que parece, e prescindindo das intenções subjetivas daqueles que se comportam assim, trata-se, de fato, de uma negação do patriotismo autêntico, porque estas pessoas causam dano à própria nação ao não tratar de se opor ao que não vai bem e, portanto, nada fazem para melhorar a situação.

Neste ponto devemos discutir um outro conceito, precisamente o de cosmopolitismo. Dissemos deliberadamente "um outro conceito" e não "conceito oposto", porque o cosmopolitismo não é uma negação do patriotismo, mas lhe é complementar. Há que se ter presente isto se não quisermos ser vítimas de um estereótipo corrente.

Etimologicamente, a palavra *cosmopolita* significa "cidadão do mundo", mas ser "cidadão do mundo", tendo, por exemplo, visitado numerosos países, tendo absorvido elementos de várias culturas e

MUDANÇAS NA FORMAÇÃO CULTURAL DA SOCIEDADE 79

aprendido as línguas, tradições, costumes etc., significa negar o provincianismo e o chauvinismo, mas não o patriotismo. Pode-se ser – e é um fato político e psicológico – uma pessoa de ampla cultura que não só conhece muitos países, suas línguas e costumes, mas que também estima seus valores – com o que não se é chauvinista de visão curta – e, ao mesmo tempo, amar o próprio país, sua história e sua cultura, e assim ser patriota no sentido etimológico da palavra. Quando interpretados desta forma, o cosmopolitismo e o patriotismo não são mutuamente excludentes, mas complementares. O mesmo cabe dizer do internacionalismo e do patriotismo na ideologia do movimento operário. Qualquer pessoa, obviamente, poderia definir o conceito de cosmopolitismo de maneira que excluísse o patriotismo, isto é, a preferência emocional pelo próprio país. Também é um fato inegável que há pessoas que adotam semelhante atitude, mas se trata de um fenômeno excepcional. Eu diria inclusive que isto é patológico e que não há motivo para tomar a patologia como norma.

Após esta introdução semântica ao problema, passemos ao assunto que nos interessa: quais serão as implicações sociais da segunda revolução industrial nesta esfera?

A resposta mais breve a esta pergunta pode ser a seguinte: será uma evolução no sentido de uma cultura supranacional, que porá fim às perspectivas estreitas e ao provincianismo das culturas locais. Isto é bastante óbvio diante da insólita circulação internacional das informações que caracterizará a sociedade informática. Após o que já foi dito sobre o tema, não há necessidade de se estudar aqui o problema com maior detalhe, mas valeria a pena fazer a seguinte pergunta: como devemos avaliar este processo?

Não há nenhuma resposta inequívoca para esta pergunta: tudo depende do contexto e do aspecto do problema em consideração.

A tendência à internacionalização da cultura, a que a cultura se torne cada vez mais supranacional, é certamente progressiva e corresponde ao desenvolvimento das relações humanas em todo o mundo e em todos os aspectos. A cultura de tipo folclórico, invariável durante séculos e puramente tradicional, só é possível em sociedades que por alguma razão estão estancadas e bloqueadas em seu desenvolvimento tanto quanto nas relações econômicas e sociais. Não são certamente estes os modelos que devam ser imitados. Ao contrário, eles são reacionários tanto do ponto de vista do interesse social quanto individual. A internacionalização da cultura e o incremento de seu elemento supranacional a enriquecem e lhe permitem assimilar conteúdos e valores novos. A endogamia produz degeneração, não apenas biológica, mas também cultural, se esta é interpretada como a limitação da circulação de cultura a uma sociedade fechada. Consequentemente, não deveríamos deplorar a inocência perdida das culturas tradicionais (isto não vale apenas para os chamados povos primitivos, mas também para as comunidades rurais fechadas de países mais desenvolvidos). Isto pode desagradar os vendedores de lembranças folclóricas e os turistas, mas não os que se sentem responsáveis pelo desenvolvimento e pelo futuro da sociedade.

Isto que diz respeito, em particular, ao desaparecimento do folclore como resultado da internacionalização vale também – em uma interpretação mais ampla – para o abandono pelas diversas sociedades do marco de sua cultura nacional tradicional, portanto para a eliminação da xenofobia cultural através da interpenetração entre as várias culturas que se enriquecem em razão disso. Tudo isto significa *progresso social* e nenhuma comunidade deve ser condenada – em nome de ideais conservadores – a permanecer no nível do folclore e a lamentar masoquisticamente o imobilismo cultural. Nesta esfera, a revolução da informática eliminará todas as barreiras artificiais entre as culturas. Isto é certamente progressista e inclusive revolucionário no melhor sentido da palavra, especialmente na configuração do "homem universal", que – como ideal correto – será discutido na segunda parte deste livro.

Após haver dito tudo isto e ter ressaltado de modo especial certos problemas específicos, podemos passar a outros aspectos do problema, analisando os perigos inerentes ao processo. Não lamentamos a corrosão, não lamentamos os encantos perdidos do folclore e naturalmente não queremos que nenhuma comunidade se conserve no nível do folclore. Mas há um outro aspecto do problema que forçosamente nos deve alarmar. Que conteúdo novo substituirá o folclore? De quem serão os interesses que representará? Que estilo de vida propagará? Estas são apenas algumas perguntas que nos sentimos inclinados a formular a respeito, mas há outras, de teor mais ou menos semelhante. Seria extremamente ingênuo esquecer os elementos sociais – não hesitarei em empregar uma denominação mais forte, e dizer os elementos de

MUDANÇAS NA FORMAÇÃO CULTURAL DA SOCIEDADE   81

classe – dos valores culturais que se difundirão na vida das várias sociedades em consequência da revolução informática.

O problema não seria tão agudo se todas as culturas do mundo tivessem as mesmas oportunidades de afirmação quando chegar o momento decisivo: só neste caso poderiam competir no "livre mercado" das ideias, confrontar-se com as outras e igualar sua influência nas mentes humanas.

Mas isto não acontece assim: não há um livre mercado neste sentido, ao contrário, o mercado está fechado e dominado pelos que dispõem dos meios técnicos para a difusão das informações e que são mais fortes graças à sua riqueza e aos melhores conhecimentos tecnológicos. Apesar do atrativo curso de acontecimentos que imaginamos, devemos assinalar explicitamente os perigos do neoimperialismo e do neocolonialismo cultural.

Sejamos mais específicos. Como é sabido, em 1985, já há satélites geoestacionários sobre os diversos continentes e subcontinentes. Estes satélites facilitarão em grande medida a comunicação telefônica (como já ocorre nos contatos entre os países industrializados), mas também facilitarão a transmissão de emissões de rádio e de televisão. O número de canais será enorme e poderemos eleger entre dezenas de emissões de rádio e televisão de diversos tipos e em distintos idiomas. Mas quem as emitirá? Naturalmente, os países suficientemente ricos e avançados para se permitir esta atividade que, queiramos ou não, significará uma forma de propaganda. Em alguns casos poderá se tratar de propaganda tradicional de alguns valores políticos; em outros, poderá ser complexa e irreprovável do ponto de vista formal, seja em relação ao seu caráter científico, seja em relação à apresentação objetiva dos problemas. Mas em todos os casos, ainda que indiretamente, demonstrará quais países e culturas são "mais sábios" e, finalmente, significará propaganda. E isto não poderá ser evitado: é impossível impedir tais emissões (interceptá-las é tecnicamente difícil e muito caro) e não deveria ser feito. O medo da propagação alheia não nos deve conduzir a empobrecer intelectualmente nossos concidadãos, porque, diga-se o que se disser sobre estas medidas, seria uma manifestação de totalitarismo e, em decorrência, ao tratar de evitar um mal, poderíamos nos envolver em algo de consequências muito piores.

Recentemente (no outono de 1983) visitei a China Popular e ali tive a oportunidade de verificar o funcionamento deste mecanismo, ainda que fosse em pequena escala e involuntário. Meus anfitriões queriam mostrar-me a "nova" China, isto é, as regiões incluídas nas experiências econômicas. Uma destas regiões denomina-se Sinchin e situa-se não muito distante de Hong Kong. Ao lado de muitas impressões favoráveis sobre a nova política econômica chinesa (incluindo as licenças para as empresas estrangeiras), política cuja finalidade é levar a antiga China a um caminho novo, impressionaram-me os programas de televisão: seis canais retransmitiam programas desde as primeiras horas da manhã até noite adentro, todos eles transmitidos de Hong Kong (em chinês e em inglês), porque a China Popular ainda não pode se permitir uma programação própria em razão dos altos custos. Praticamente em todas as casas há um aparelho de televisão em cores. Foi suficiente assistir rapidamente àqueles programas: os falados em inglês propunham o modo de vida norte-americano; nada posso dizer dos programas falados em chinês porque não os entendi, mas suspeito que consistiam na mesma publicidade de luxo, somente que em chinês. Isto é suficiente para que nos coloquemos a seguinte pergunta: que influência terá isto sobre os telespectadores, especialmente sobre os mais jovens? Meus anfitriões partilhavam a mesma preocupação, mas talvez eles estejam em condições de enfrentar o problema. Mas o que acontecerá na África, na América latina e nos países pobres da Europa? A resposta se impõe por si só, automaticamente: o perigo é o da desinformação segundo o modelo da sociedade de consumo. O perigo é real, mas o que podemos fazer para afastá-lo ou pelo menos para nos opor a ele?

Infelizmente, neste sentido, sou bastante cético.

c) A propagação da cultura e a expansão da cultura supranacional enriquecem a personalidade humana, fazem com que os seres humanos ascendam a um nível superior de cultura e, finalmente, mudam os modelos de referência pessoal e o caráter social.

Raramente o homem se dá conta de até que ponto seus atos conscientes são influenciados e, inclusive, determinados por fatores que estão além de sua consciência, ainda que estes fatores sejam inerentes à sua personalidade e à sua mentalidade e, sobretudo, a seu caráter social. Embora isto esteja implícito na formulação anterior, desejo manifestar explicitamente que não me refiro a comportamentos que podem ser expressos através da psicanálise, ainda que não subestime

MUDANÇAS NA FORMAÇÃO CULTURAL DA SOCIEDADE   83

a importância das diversas versões psicanalíticas para a compreensão da personalidade humana. Tais problemas têm pouco ou nenhuma repercussão sobre a mudança da formação cultural da sociedade.

Os fatores a que me refiro são fruto direto da cultura, são transmitidos ao indivíduo pela sociedade e interiorizados por ele; além disso, são transmitidos de uma forma tal que o indivíduo não se dá conta de sua existência e de seu funcionamento. É, pois, também uma forma específica do subconsciente, ainda que distinta daquela pela qual se interessa a psicanálise. Os problemas a que me refiro estão na esfera de interesses da psicologia social e exteriorizá-los e compreendê-los exige operações diferentes das utilizadas na psicanálise. Entre tais problemas estão os estereótipos e sua influência sobre os atos humanos e sobre o caráter social do homem. Em ambos os casos, nos encontramos diante de produtos da cultura e, por conseguinte, as mudanças na cultura afetam sua forma. Este é o motivo pelo qual nos interessamos por tais problemas neste contexto.

Pensar em termos de estereótipos é, neste sentido, secundário; além do mais, já escrevi extensamente sobre isto (ver meu livro *Stereotypen und das menschliche Handeln [Estereótipos e Agir Humano]*. Viena, 1980). Portanto, limitar-me-ei aqui a citar do mencionado livro uma parte de minha definição de estereótipo em relação à sua função social: "...determinadas características tornam possível a materialização da função social dos estereótipos; esta consiste na defesa dos valores e das avaliações aceitas pela sociedade ou por um grupo restrito desta, de tal modo que sua interiorização como norma social obrigatória seja condição de integração do indivíduo" (pág. 86). É compreensível que as mudanças nos valores e avaliações, devidas à atual revolução industrial, produzam também uma evolução – por mais lenta e relutante que seja – dos estereótipos consolidados e, por conseguinte, também da imagem humana do mundo (especialmente em seu aspecto social) e das ações humanas.

O caráter social do homem desempenha um papel determinante a este respeito. A teoria do caráter social do homem foi formulada por Erich Fromm. Segundo Fromm, as ações instintivas que permitem aos seres humanos reagir sem refletir sobre os estímulos provenientes do mundo exterior (particularmente aqueles que implicam algum perigo) são substituídas, no nível evolutivo do *homo sapiens*, por ações *quase*-instintivas (realizadas também sem reflexão), baseadas em modelos de comportamento transmitidos e modelados pelo desenvolvimento social como resultado da experiência. Se as reações instintivas, que se tornam cada vez menos frequentes e mais débeis no homem, não fossem de algum modo substituídas, a espécie *homo sapiens* não teria tido nenhuma chance de sobreviver. O conjunto destas reações humanas substitutivas quase-instintivas foi definido por Fromm como o *caráter social* do homem. Trata-se de uma categoria de grande importância para as ciências sociais, porque nos permite compreender melhor o comportamento humano.

François Jacob, em seu livro *La logique du vivant [A lógica do Vivo]* (Paris, 1970), enfrenta o problema do ponto de vista biológico e afirma que no processo de desenvolvimento da espécie *homo sapiens* o código histórico (cultural) acabou por se sobrepor ao genético. No campo da sociobiologia, Edward O. Wilson, autor mais radical a este respeito, refere-se aos fenômenos epigenéticos, a fim de reduzir todas as manifestações da vida ao código genético (cf. Charles L. Lumsdem e Edward O. Wilson, *Genes, Mind and Culure [Gens, Mente e Cultura]*, (1981). Todavia, prescindindo do modo como interpretam a relação entre os produtos da cultura e os da biologia, a teoria do caráter social do homem desempenha um papel importantíssimo para a compreensão do comportamento humano e da sua gênese.

Ora, o conjunto dos comportamentos e atitudes humanos que leva, por exemplo, a que se reaja prontamente diante do perigo, não é somente produto da história (cultura), mas varia também historicamente sob a influência de diversos fatores sociais. A conclusão simples que daí deriva é que estas mudanças podem ser também produzidas intencionalmente. Isto é o que tem sido chamado de educação do "novo homem", um ideal que acompanhou os defensores do pensamento socialista desde o início da sua atividade e que hoje pode e deve se tornar o ideal humano universal, ainda que sua realização possa variar de acordo com as circunstâncias.

Na sociedade informática, a humanidade poderá alcançar finalmente aquilo que até hoje foi apenas um *slogan*. É óbvio que nem mesmo as maravilhas da tecnologia mudarão o fato de que este processo deve ser lento e gradual: tanto os estereótipos como o caráter social do homem são pouco flexíveis e bastante refratários às mudanças. Apesar

MUDANÇAS NA FORMAÇÃO CULTURAL DA SOCIEDADE

disso, não há dúvida de que sofreram modificações no passado. Ainda que isto tenha exigido séculos, a rapidez das mudanças que se verificaram após revoluções de vários tipos pode dar impressão diferente: as revoluções foram habitualmente pontos culminantes e momentos de ruptura numa longa evolução. Agora o ritmo dos acontecimentos será diferente, algumas décadas representarão muitos séculos, o que poderá ocorrer desde que a sociedade desenvolva a este respeito um papel ativo. Não se trata apenas de uma constatação teórica de fatos, mas ao mesmo tempo de um apelo para a ação consequente. O apelo à ação é provavelmente a melhor conclusão das nossas reflexões sobre as mudanças da formação cultural da sociedade, mas pode ser satisfeito apenas com a condição de que a própria sociedade desempenhe um papel ativo no processo de educação do homem novo. Esta meta pode ser alcançada hoje.

6

OBSERVAÇÕES SOBRE A ESPECIFICIDADE DOS PAÍSES DO TERCEIRO MUNDO

Nossas reflexões até aqui se referiam aos países industrializados, tanto capitalistas quanto socialistas (países do Primeiro e do Segundo Mundo), enquanto deixavam de lado inteiramente os problemas do Terceiro Mundo. E não por acaso. Fiz tal opção conscientemente, não porque minhas análises sociais tivessem inclinações eurocentristas, mas pela convicção de que os problemas específicos do Terceiro Mundo são distintos dos problemas do Primeiro e do Segundo Mundo, os quais, apesar de suas diferenças sociopolíticas, são muito semelhantes entre si. Os países do Terceiro Mundo, isto é, os países em vias de desenvolvimento ou simplesmente subdesenvolvidos (algumas vezes estes últimos são tratados separadamente como países do Quarto Mundo), são tão distintos que não podem ser inseridos nos limites do que havíamos dito até agora: as implicações da segunda revolução são neles tão diferenciadas que merecem uma análise à parte. Além disso, as diferenças existentes no interior de cada um deles são bem mais profundas do que no caso dos países industrializados (ainda que, como já foi dito, tenhamos em conta as diferenças de ordenação social) e fazem com que seja praticamente impossível tirar conclusões gerais.

Talvez um exemplo concreto explique melhor as coisas. Se incluímos no Terceiro Mundo tanto a China Popular (que dele, aliás, se declara integrante) quanto, por exemplo, os países situados na zona do Sahel, então as diferenças entre eles são maiores do que aquelas existentes entre a própria China e os Estados Unidos. A China Popular pode continuar tendo êxito com a política da *self-reliance*; não necessita esperar por presentes vindos do Exterior (que nem sequer aceitaria) e mesmo assim em vinte anos poderá alcançar o *status* de superpotência.

Os países do Sahel apenas podem ridicularizar as recomendações de seus bons amigos no sentido de que sigam a política da *self-reliance*, já que sem ajuda do Exterior pereceriam inevitavelmente.

Se, por exemplo, classificássemos a Argentina, o Brasil e o México como países do Terceiro Mundo, e se acrescentássemos a estes os países do Oriente Médio enriquecidos pelo petróleo e, além disso, o Egito, a Angola e Moçambique, na África, ou a Nicarágua e o Peru, na América Latina, então fica claro o que queremos dizer quando afirmamos que estes países não só exigem uma análise separada em comparação com os países do Primeiro e do Segundo Mundo, mas também que, tomados um a um, não formam um objeto unitário de análise capaz de nos permitir tirar conclusões gerais.

Apesar disso, algo deve ser dito sobre eles porque, caso contrário, qualquer "diagnóstico" seria pouco convincente: os países do Terceiro Mundo representam pelo menos dois terços da humanidade. Mas isto deve ser dito de uma maneira diversa em comparação com as reflexões anteriores. Foi por este motivo que decidi intitular o presente capítulo de "Observações sobre a especificidade...". Farei apenas "observações", nada mais. Para ir além, seria necessário escrever um livro à parte, dividido em monografias dedicadas aos diversos grupos de países ou mesmo a países singulares (por exemplo, a China Popular). Independentemente da minha falta de competência para tanto – é duvidoso que uma só pessoa seja suficientemente competente quando se trata de todos estes países –, nada de semelhante poderia ser feito no presente livro, já que ultrapassaria a sua estrutura. Tenho espaço, portanto, apenas para observações sobre a especificidade destes países, com conclusões apropriadamente diferenciadas.

Em primeiro lugar, temos que excluir os países que tradicionalmente são agrupados no Terceiro Mundo mas que, tendo em vista o seu tamanho e o seu desenvolvimento efetivo, ultrapassam muitos dos países do Primeiro e do Segundo Mundo. Sequer este grupo, porém, é unitário.

A China Popular é um caso à parte, não só por seu território e por sua população (um quarto da população atual do globo), mas sobretudo por sua antiga civilização e por seu nível de desenvolvimento científico e industrial, na atualidade muito acelerado, que nos obriga a considerá-la como uma nação altamente industrializada. Em minha

OBSERVAÇÕES SOBRE A ESPECIFICIDADE DOS PAÍSES DO TERCEIRO MUNDO **89**

opinião – em tempos recentes pude ver muita coisa por lá e aprendi ainda mais – estamos diante de um gigante em pleno processo de desenvolvimento, que logo alcançará o *status* de superpotência e que apenas *cum grano salis* pode ser classificado como país do Terceiro Mundo. Mais do que um estado de coisas real, esta classificação é antes um inteligente truque político por parte da China Popular.

A seguir, deveríamos excluir o grupo de países latino-americanos grandes e potencialmente ricos (ou ao menos em parte altamente industrializados), como o Brasil, o México, a Venezuela e a Argentina. O mesmo deve ser dito de alguns países do norte da África, como Argélia e Egito, e dos países petrolíferos do Oriente Médio. Como podemos ver, inclusive este grupo de países do Terceiro Mundo, singularizados por causa de sua posição ambígua, é internamente diferenciado.

A inclusão da China Popular no Terceiro Mundo revela-se, assim, um pouco forçada, pois este país está, de fato, integrando-se intensivamente no mundo da atual revolução industrial e, num futuro próximo, terá de fazer frente a todas as suas consequências sociais. Naturalmente, é preciso levar em consideração as variáveis que dão forma à independência cultural deste país e ao caráter social de seus cidadãos, configurados durante séculos por uma educação muito específica. A grande vantagem da China Popular consiste em que, apesar das deformações de seu desenvolvimento durante a Revolução Cultural, já levou a cabo as mudanças necessárias à formação econômica de sua sociedade, o que – unido à conhecida disciplina dos chineses – permite realizar de maneira evolutiva e planificada as mudanças sociais ditadas pela revolução industrial.

Esta é a diferença principal entre a China Popular e o referido grupo dos grandes países latino-americanos, cujo ingresso no período da revolução industrial ocorre ao mesmo tempo em que são sacudidos pelos conflitos econômicos e sociais típicos do mundo capitalista. Além disto, devemos também acrescentar os restos do colonialismo e do neocolonialismo resultante da política dos Estados Unidos na região.

Uma nova variável junta-se aos crescentes conflitos sociais e econômicos que examinamos nos capítulos anteriores, a saber: a luta anti-imperialista e a luta ainda latente, mas potencialmente explosiva, pela libertação nacional das populações indígenas, um problema sobre o qual mesmo as correntes políticas mais progressistas da população "branca" destes países procuraram silenciar, sendo possível que acabem um dia tendo que pagar um alto preço por isto. Em todo caso, esta mescla de conflitos é tão explosiva que é razoável esperar que o fermento social que se observa em todo o mundo se manifeste na América Latina sob a forma de uma revolução clássica. A atual política dos Estados Unidos neste continente, ditada pelo temor da tempestade que se aproxima, fará com que a evolução deste processo assuma um caráter violento. Em todo caso, tais países também se encontram no torvelinho das implicações sociais da atual revolução industrial, o que os coloca no mesmo nível dos países do Primeiro e do Segundo Mundo, levando naturalmente em consideração o elemento específico antes considerado: os exacerbados conflitos de classe e nacionais. O caráter de Terceiro Mundo destes países também só pode ser aceito *cum grano salis.*

A situação dos países norte-africanos como a Argélia e o Egito é diferente: embora se diferenciem em muitos aspectos dos demais países do Terceiro Mundo, é indubitável que fazem parte deste grupo. Sua situação específica, comparada com a de outros países do Terceiro Mundo, consiste em que são mais avançados do ponto de vista industrial, mas não são suficientemente ricos para se permitirem um desenvolvimento moderno que leve em conta as exigências da atual revolução industrial. Para eles, isto significa o perigo de um "desenvolvimento para o atraso" (*development to obsolescense*), o que equivale a dizer que a atual revolução industrial pode até mesmo impedi-los de realizar os esforços para expandir a indústria tradicional. Trata-se de um problema adicional, que também pode ser observado em muitos países mais pobres ou menos desenvolvidos do Primeiro e do Segundo Mundo.

A situação dos ricos países petrolíferos do Oriente Médio é ainda mais complicada. Atualmente, tais países dispõem de meios financeiros para sair do Terceiro Mundo, mas são impedidos pelo peso de um sistema político anacrônico e de formas de ordenação da sociedade que já não mais se observam em nenhuma outra parte do mundo, como é o caso da escravidão.

Cada um destes países, "excluído" da condição normal do Terceiro Mundo, mereceria uma análise à parte. No entanto, nenhum deles é típico para aquela classe de fenômenos que denominamos Terceiro

OBSERVAÇÕES SOBRE A ESPECIFICIDADE DOS PAÍSES DO TERCEIRO MUNDO   **91**

Mundo e, ainda mais, Quarto Mundo. Tais países formam o "proletariado" específico do mundo atual e se caracterizam pela pobreza, fome (devido, entre outras coisas, à rápida desertificação de zonas imensas), falta de possibilidades subjetivas e objetivas para criar uma indústria e uma agricultura modernas e a dependência à ajuda externa. (No caso, a recomendação para que se adote uma política de autossuficiência como saída destas sociedades da miséria dá a impressão de escárnio). Tudo isto afeta, no mínimo, a metade da população do globo. Qual será a influência da segunda revolução industrial sobre estes países? Assim como nos casos anteriores, a resposta não pode ser unívoca: as consequências da atual revolução industrial podem ser tanto catastróficas quanto extremamente positivas. Com toda probabilidade serão, na prática, de ambos os tipos, o que poderá limitar os perigos iminentes.

Comecemos pelas consequências negativas e perigosas.

Atribuímos a gênese do desemprego estrutural dos países industrializados à influência da automação e da robotização, que elimina a mão de obra humana da produção e dos serviços. Isto significa uma influência imediata da atual revolução industrial no mercado de trabalho. Nos países do Terceiro Mundo esta influência provoca efeitos semelhantes, mas seu mecanismo é indireto. O que ocorre é que os avanços da automação e da robotização nos países industrializados faz com que estes países reduzam seus investimentos no Terceiro Mundo, e até mesmo retirem os investimentos já realizados.

Eis aqui as causas destes fenômenos.

Em primeiro lugar, os investidores do "norte" se sentiam atraídos sobretudo pela mão de obra barata dos países do Terceiro Mundo. Na atualidade, a microeletrônica, com a automação e a robotização dela resultantes, anula o poder de atração da mão de obra barata porque nem mesmo com ela seria possível competir com os autômatos modernos.

Em segundo lugar, os investidores dos países altamente industrializados, ao instalar fábricas nos países do Terceiro Mundo, exportaram, por assim dizer, a poluição do meio ambiente, que em muitos casos é um delito passível de punição no país de origem. As novas tecnologias baseadas na produção automatizada, ao contrário, reduzem a poluição do meio ambiente ou inclusive a eliminam por completo. Exatamente por estes dois motivos, pouco a pouco vão desaparecendo os principais estímulos para a exportação de capitais para os países do Terceiro Mundo.

Ao lado da inibição do processo de investimento – que, vale dizer, significará a demissão de muitos trabalhadores –, a atual revolução industrial afetará também o mercado dos países do Terceiro Mundo de diversas outras maneiras.

Seus produtos, que graças à mão de obra barata podiam competir nos mercados dos países mais industrializados (este é o caso, por exemplo, dos produtos têxteis), perderão sua posição privilegiada na nova situação. Se a sua produção continuar através dos métodos tradicionais, não serão mais respeitadas as regras da concorrência; se se modernizar, será eliminada a mão de obra – como já ocorre nos países mais industrializados. Com isso, será ainda mais agravado o problema do desemprego estrutural que atormenta permanentemente, por outras razões, os países do Terceiro Mundo.

É evidente que este processo terá também repercussões na esfera social e política, como já ocorreu nos países altamente industrializados. Seguramente, as condições específicas dos países do Terceiro Mundo farão com que tais repercussões sejam mais agudas, e socialmente mais perigosas, do que nos países do Primeiro Mundo, e especialmente do Segundo Mundo. Como havíamos mencionado antes, não entraremos nos detalhes destes complicados problemas que requereriam estudos monográficos concretos. Porém, ainda que nos limitemos às reflexões de caráter geral que esboçamos anteriormente, podemos dizer sem exagero que, enquanto as consequências da segunda revolução industrial podem ser – e certamente serão – difíceis de controlar nos países altamente industrializados, nos países do Terceiro Mundo poderão ser socialmente *catastróficas*. Isto ocorrerá inevitavelmente se não forem tomadas de imediato medidas preventivas. O que se pode fazer neste sentido? Voltaremos a isto no final do presente capítulo, depois de termos investigado o segundo aspecto positivo – mas só potencialmente positivo – do problema.

Isto ressaltará a importância social da assistência aos países do Terceiro Mundo, hoje já colocados à beira do abismo.

Havíamos dito anteriormente que as implicações sociais da segunda revolução industrial têm aspectos potencialmente negativos e aspectos potencialmente positivos, e isto também vale para os países do Terceiro Mundo. Estes aspectos positivos consistem no fato de que

OBSERVAÇÕES SOBRE A ESPECIFICIDADE DOS PAÍSES DO TERCEIRO MUNDO   **93**

a revolução da microeletrônica permite resolver tecnologicamente os principais tormentos do Terceiro Mundo: a fome, a escassez de água, a desertificação etc.

Até recentemente predominava a convicção de que o problema alimentar do Terceiro Mundo era praticamente insolúvel devido à explosão demográfica, à escassez de água e à limitada fertilidade do solo. Hoje esta afirmação já não se sustenta mais, graças aos progressos da engenharia genética e às perspectivas por ela oferecidas. *Teoricamente*, o problema é solucionável, mas apenas se satisfeitas determinadas condições, em primeiro lugar um grande desenvolvimento da engenharia genética, tanto na agricultura quanto na pecuária. A exploração dos mares e dos oceanos como fontes de alimentos constitui um problema à parte. Isto vale não só para o reino animal, mas também para o vegetal, dada a grande quantidade de plantas comestíveis existentes nas águas marinhas.

É evidente que de nada vale falar de progressos da agricultura e da pecuária num momento em que as plantas e os animais da região do Sahel perecem por falta de água e a desertificação assume proporções aterradoras em todo mundo. Mas hoje já existem diversas tecnologias, que certamente podem ser aperfeiçoadas para dessalinizar a água do mar, o que nos permite obter uma quantidade praticamente ilimitada de água potável utilizável para irrigar as terras desérticas e as zonas que estão se convertendo em desertos por falta de chuva (por exemplo, a região do Sahel).

Mas isto requer por seu lado uma reserva correspondente de energia. O problema pode ser resolvido pela progressiva revolução energética. O Terceiro Mundo, cuja maioria dos países está situada no hemisfério sul (daí as alusões imprecisas ao conflito norte-sul, alusões que levam em conta a posição geográfica da Austrália e da Nova Zelândia, que ninguém poderia classificar como países do Terceiro Mundo), dispõe de uma fonte energética muito poderosa, a saber, a energia solar, cuja exploração está se desenvolvendo rapidamente graças aos avanços das tecnologias correspondentes.

Não se trata, pois, de uma catástrofe inevitável o que afeta o desenvolvimento dos países do Terceiro Mundo. Seus problemas, por mais difíceis que sejam, podem ser solucionados. Mas a condição necessária para isto é a ajuda dos países industrializados (do norte), tanto no financiamento de toda a operação (são necessários gastos materiais imensos que os países do Terceiro Mundo não se podem permitir) quanto na elevação do nível cultural das massas, para que possam realizar a transição à categoria de países industrializados. A realização destes requisitos enfrentará a resistência dos financiadores potenciais, mesmo que seus países venham a ser incomparavelmente mais ricos do que agora, mas também dos destinatários potenciais, que certamente protestarão contra os mecanismos de controle embutidos na nova situação. Caracterizarão este controle como paternalismo, neocolonialismo etc., ainda que sem a ajuda e a supervisão dos países financiadores o empreendimento inteiro, como demonstra a experiência, estaria condenado ao fracasso.

Comecemos com a ajuda material. A infraestrutura da operação encarregada de "salvar" o Terceiro Mundo custará não milhões, mas bilhões de dólares. Isto não significa que a ajuda deva ser feita necessariamente sob a forma de dinheiro: não se pode colocar dinheiro à disposição de países que nos últimos anos acumularam dívidas no valor de milhões de dólares sem alcançar resultados econômicos positivos. A ajuda deveria consistir em bens necessários à construção de uma nova infraestrutura no Terceiro Mundo. Nos países de produção automatizada estes bens serão abundantes; nem por isto serão oferecidos de graça, mas vendidos. Portanto, quem deverá proporcionar os meios para a compra destes bens por parte do Terceiro Mundo?

Ao chegar aqui, os céticos – e eu sou um deles – expressarão a opinião de que este problema de financiamento levará à ruína a operação como um todo. Seria obviamente muito fácil demonstrar que a redução de armamentos em todo o mundo resolveria inteiramente o problema, mas o certo é que somente pessoas politicamente ingênuas podem acreditar que os armamentos diminuirão nestes próximos vinte ou trinta anos (esta é a perspectiva temporal que temos em mente neste livro). Ao contrário, é mais razoável supor que aumentarão perigosamente e que isto consumirá grande parte da crescente riqueza dos povos. Tal tendência não pode ser mudada pela retórica de humanistas, pacifistas etc., que têm nobres intenções, mas são praticamente impotentes. Simpatizo com eles, mas não creio que sejam realistas. Não me custa imaginar a onda de indignação que causará meu ceticismo, mas ouço também a voz da administração norte-americana com seus planos loucos de uma "guerra

OBSERVAÇÕES SOBRE A ESPECIFICIDADE DOS PAÍSES DO TERCEIRO MUNDO

nas estrelas" no séc. XXI (outros governos pensam provavelmente o mesmo, mas são "razoáveis" o suficiente para não dizê-lo em voz alta), e devo reconhecer que estas afirmações são – infelizmente – mais dignas de confiança, ainda que sejam abomináveis do ponto de vista moral. No entanto, em política o que conta é o realismo dos fatos, e não a beleza moral dos atos.

Por isso, de nada valem os malabarismos que se podem fazer com as cifras (repetidas nas diversas comissões) objetivando demonstrar os benefícios sociais que poderiam ser obtidos com a redução dos armamentos. Os problemas do Terceiro Mundo devem ser abordados de outro modo: cada país deve contribuir conforme a sua situação econômica. Para que se possa suportar todo o peso desta tarefa e realizá-la com sucesso, todas as nações do Primeiro e do Segundo Mundo (isto é, os países industrializados) deveriam participar unidas na solução do problema. Também neste caso o cético perguntaria: estarão elas dispostas a assumir a tarefa? Deve-se ter presente que até agora nenhum apelo neste sentido obteve resposta, e hoje a situação é ainda mais difícil porque todos estes países devem enfrentar os problemas internos resultantes do crescente desemprego estrutural. Por isso, é difícil acreditar que estes países venham se mostrar mais "abertos" às necessidades dos mais pobres.

Mas, supondo que tal hipótese ocorresse (adotemos por um momento o ponto de vista otimista), o fenômeno teria que se basear no consenso de todos os países industrializados, independentemente de seu sistema político (ninguém pode lavar as mãos, como Pilatos, em relação ao assunto, sob nenhum pretexto), o que significaria que *todos* deveriam assumir as obrigações correspondentes sob a direção de uma organização internacional especial (por exemplo, melhorando a posição da UNIDO, a organização da ONU para o desenvolvimento industrial, e da FAO). Esta organização teria pleno direito de supervisionar a execução de toda a iniciativa: da planificação internacional dos projetos até a distribuição dos meios correspondentes para colocá-los em prática. Desta vez não podemos permitir que a ajuda internacional se converta num meio de corrupção política, e que as somas recebidas sejam gastas com leitos de ouro para concubinas (como já ocorreu), utilizadas de modo irrefletido para comprar armamentos ou simplesmente dissipadas devido à incompetência. Se se produzisse o milagre e se colocasse à disposição os fundos apropriados, então não se deveria perder a chance.

O problema se torna mais delicado porque não se limita ao aspecto material da organização da infraestrutura para esta ação, mas engloba também paralelamente uma complexa iniciativa cultural. O essencial é que as pessoas do Terceiro Mundo devem ser preparadas para absorver novas tecnologias e para aprender a utilizá-las. Atualmente há no mercado um grande número de livros enganosos que, aproveitando-se da ignorância específica da maior parte da população dos países industrializados no que se refere ao aspecto tecnológico da atual revolução industrial (os habitantes dos países do Terceiro Mundo continuam ignorando completamente o problema), propagam a ilusão de que bastaria enviar uma quantidade adequada de microcomputadores para resolver automaticamente os problemas do Terceiro Mundo. A ignorância e a charlatanice correspondem entre si, e este tipo de "obra" deveria ser estigmatizada e criticada publicamente, tendo em vista a influência prejudicial que exerce sobre a opinião pública. Ainda que no Terceiro Mundo fosse distribuído um computador por cabeça, isto nada modificaria sua situação, pois as pessoas não saberiam o que fazer com ele. Nestes países, o caminho que leva à utilização apropriada da informática é longo e impregnado de obstáculos.

Repitamos mais uma vez: se este milagre se produzisse, e se encontrássemos os fundos necessários, teríamos que inventar as formas de organização desta operação. Talvez então encontrássemos finalmente uma atividade apropriada para esta lamentável organização que é, hoje em dia, a UNESCO, desde que, naturalmente, submetida a uma total reformulação. Além disso, seria uma oportunidade para encontrar ocupação honrosa, prolongada e inclusive fascinante, para milhões de "instrutores" que poderiam ser recrutados dos exércitos de desempregados estruturais existentes nos países industrializados. Isto ajudaria também a internacionalizar a cultura, no sentido das mútuas influências culturais entre países e povos que, culturalmente falando, estão hoje bastante afastados entre si. Também neste campo surgiriam problemas ligados à ação supranacional e à soberania nacional. Mas, como é preciso primeiro abater o urso antes de vender sua pele, atualmente é prematuro falar de tais problemas, especialmente se, como é o meu caso, não se acredita que esta solução seja realizável.

Mas, e se este ceticismo for justificável? Então presenciaremos inevitavelmente a catástrofe do Terceiro Mundo. Dado que isto afeta mais da metade da população do globo, seria o prenúncio de uma tragédia. Isto é possível? Sim. Os habitantes do mundo industrializado poderão suportar tal situação moralmente? Hoje já a estão suportando e vivem tranquilamente sua vida, sem se dar conta de que milhões de pessoas, principalmente crianças, morrem de fome anualmente. Podemos permitir que este crime ocorra? Certamente não se pode tolerar isto se temos ainda o que se convencionou chamar de consciência, mas, infelizmente, somos impotentes quando se trata de fazer algo mais do que apelos. Oxalá isto não fique reduzido a vozes no deserto, e oxalá também não tenhamos que atuar *in extremis* quando ocorrer a tragédia.

Esta é também uma conclusão – muito importante – das nossas reflexões sobre as implicações sociais da segunda revolução industrial.

Segunda Parte
O indivíduo humano e a sociedade informática

A precedente análise a respeito das consequências da segunda revolução industrial referia-se aos aspectos sociais do problema em geral e às tendências e possíveis desenvolvimentos alternativos engendrados por esta revolução, delimitando deste modo o contexto – às vezes muito bem definido – no qual devem agir os membros das sociedades em questão. Nossa análise deve partir agora de uma outra perspectiva e chegar com isto também a uma outra visão do futuro: nosso ponto de partida deve ser o indivíduo humano e seu possível destino em meio ao torvelinho das transformações que estão atualmente ocorrendo. Trata-se de uma perspectiva extremamente importante, posto que afeta imediatamente – e não por meio das leis estatísticas dos movimentos sociais – o destino de cada um de nós.

Poderia parecer que a afirmação "o ponto de partida de minha análise é o indivíduo humano e seu destino" constitui uma simples afirmação ditada pelo bom senso. Tem-se uma tal ilusão quando se parte do pressuposto de que o conceito de "indivíduo humano" é de unívoca compreensão. Seria, entretanto, uma monstruosa simplificação do problema, e é suficiente um instante de reflexão para se demonstrar o erro. Para se convencer disto basta indicar também a variedade – e até mesmo a incompatibilidade – das posições adotadas pelas diferentes escolas de pensamento no âmbito da antropologia filosófica. Isto nos obriga, antes de nos ocupar diretamente com o tema que nos interessa agora, a uma reflexão geral – de caráter filosófico – sobre o problema do indivíduo. Assim procedendo, podemos indubitavelmente esclarecer os propósitos de nossas considerações posteriores.

Comecemos com a afirmação de que o homem é sempre um indivíduo social, isto é, que sua ligação com a sociedade se expressa tanto na gênese de seu sistema de valores e das relações normativas aceitas, como em suas atitudes no sentido das disposições de ação, nos estereótipos que dominam seu pensamento etc. Simplificando, afirmamos que o indivíduo é uma formação histórica ou, dito de outro modo, é um produto das relações sociais. Trata-se de uma formulação de Marx, e esta teoria do indivíduo humano pertence às descobertas mais originais do marxismo.

Hoje a ciência do homem vai além, ao reduzir, por meio dos fundamentos da sociobiologia, o estrato cultural da vida humana à condição de fenômenos epigenéticos, isto é, ao processo de mútua influência entre genes e meio. O indivíduo humano é determinado, portanto, pelo seu genótipo – isto é, pela constituição genética do seu organismo, cuja inteira evolução está subordinada em última instância à evolução genética – ao qual se sobrepõe o estrato cultural do comportamento humano segundo um processo de coevolução.

Não é necessário aceitar, entretanto, estas conclusões para compreender, à luz da ciência moderna, que o homem não vem ao mundo como *tabula rasa* (conceito que Locke toma como ponto de partida de sua teoria do conhecimento), mas que, ao contrário, nasce como uma folha sobre a qual já estão registradas as experiências filogenéticas adquiridas durante a evolução da espécie, que constituem uma parte de suas disposições inatas. Tudo isto gera a possibilidade de uma construção, no sentido de Konrad Lorenz, que parte da hipótese das categorias kantianas *a priori*, inatas no homem, independentemente da experiência, esclarecendo deste modo que tais categorias possuem na ontogênese do indivíduo um caráter *a priori* e que, consideradas a partir de uma perspectiva filogenética, nada mais são do que um resultado da experiência histórica, isto é, são dadas *a posteriori*.

De qualquer modo, as teorias que compreendem o indivíduo segundo o espírito do personalismo religioso ou de um existencialismo laico que combina livre arbítrio e decisões autônomas, tornam-se insustentáveis à luz do nosso conhecimento atual e do nosso saber sobre o homem e seus múltiplos condicionamentos. Aqueles que negam a absolutização da "autonomia" do ser individual encontram apoio não apenas na biologia molecular com sua teoria do código genético, mas

O INDIVÍDUO HUMANO E A SOCIEDADE INFORMÁTICA 103

também na moderna filosofia da linguagem e na sociolinguística, com sua compreensão da dependência do pensamento individual em relação ao sistema linguístico socialmente dado. O mesmo pode ser dito da psicologia social moderna, e particularmente da teoria multidisciplinar dos papéis dos estereótipos no pensamento e no agir humanos que, de uma outra perspectiva, introduz o fator social do caráter filogenético em nossas reflexões sobre o tema do indivíduo. Estas são apenas algumas das correntes da reflexão moderna sobre o tema que aqui nos interessa.

Esta breve digressão no âmbito da filosofia do homem era necessária para desmentir, com argumentos consistentes, aqueles que partem do pressuposto de que o conceito de "indivíduo humano" seja de compreensão unívoca. Ao contrário, este conceito é de compreensão multívoca e sua oscilação entre as concepções do personalismo e do existencialismo, de um lado, e a concepção do indivíduo social, de outro, dá lugar não apenas a diferenças de opinião, mas também a profundas controvérsias de princípio a respeito.

Consequentemente, todo aquele que se refere ao problema do indivíduo humano se apoia – consciente ou inconscientemente – nos fundamentos de uma determinada filosofia do homem, mesmo que afirme orientar-se por pressupostos empíricos. Este é o motivo pelo qual, ao tratar destas questões, devemos ter claro desde o início o modo através do qual entendemos o conceito de indivíduo, já que as suas qualidades constituem o objeto das controvérsias.

Por isso, quando me referir mais adiante ao postulado do indivíduo humano e ao seu destino no contexto da atual revolução industrial, falarei sempre do *indivíduo social*. Farei também referência ao indivíduo biológico que, em nossa análise do homem e da sociedade humana, deve ser considerado o ponto de partida tanto por suas características individuais quanto por sua unicidade num mundo de outros indivíduos e que, por isso, não atravessa apenas acontecimentos biológicos mas também histórico-sociais, comuns a classes determinadas (no sentido matemático do termo) de indivíduos.

Todavia, prescindindo desta comunidade, o indivíduo humano torna-se o que é no processo de educação social: sua gênese está determinada pela influência da linguagem, pelo sistema de valores transmitidos e por suas relações normativas correspondentes, pela transmissão social dos estereótipos – que provocam fortes efeitos sobre o pensamento e o agir do homem –, pela aquisição de um caráter social preciso que lhe permite reagir quase instintivamente a situações que exigem uma decisão rápida etc. O decisivo a respeito é que o indivíduo representa sempre uma combinação *sui generis* de relações sociais, no sentido de ser um produto destas relações. Entretanto, o indivíduo é um indivíduo social não só em sentido genético, mas também no sentido de sua existência conjunta no interior da estrutura social, no interior da divisão social do trabalho (que fixa o lugar do indivíduo num conjunto social determinado, da sociedade primitiva à sociedade informática mais avançada). Finalmente, o indivíduo é social (e isto é consequência do que foi dito anteriormente) também segundo a sua atividade produtiva e o sentido de vida social a ela correspondente, do qual falaremos no capítulo seguinte.

Interessa-nos, pois, o seguinte problema: o que acontecerá com o indivíduo entendido deste modo, condicionado e vinculado socialmente e igualmente único na sua existência individual, com as transformações provocadas pela atual revolução industrial? Quais serão as implicações resultantes desta revolução para a vida do indivíduo humano?

Tentaremos responder a estas questões apresentando as possíveis alternativas e soluções nos três níveis da vida individual: a) a individualidade; b) o sentido da vida; c) o estilo de vida.

7
INDIVÍDUO E SOCIEDADE

As relações entre indivíduo e sociedade oscilam hoje – pelo menos teoricamente – entre dois extremos, o individualismo e o totalitarismo. O individualismo, considerado como categoria, representaria a existência individual sem restrições e orientada apenas pelo livre arbítrio pessoal e por considerações voltadas exclusivamente para o próprio interesse. Pode-se facilmente demonstrar que esta construção utópica de um anarquismo extremo não poderia jamais se realizar: as "robinsonadas", a vida no estilo de Robinson Crusoe, não são mais do que um fantasma, o homem moderno não pode existir fora da sociedade e deve, por isso, aceitar determinadas regras. A ilusão desta utopia se dissolve no primeiro contato com a realidade. Mas não se pode com isto negar a necessidade de um individualismo moderado, como aquele que se desenvolveu historicamente na cultura greco-romana, particularmente no Renascimento. Isto significa tentar reservar para si mesmo uma esfera de intimidade, não entendida como liberdade absoluta de todos os vínculos sociais – o que, além do mais, seria impossível –, mas reduzindo ao mínimo a ingerência e as restrições sociais na vida privada. Este mínimo indispensável, portanto, dependerá da forma histórica de uma sociedade determinada e de suas relações sociais determinadas. Em outras palavras, depende das necessidades humanas historicamente configuradas.

A este respeito, é fácil ceder à pressão do eurocentrismo e projetar sobre outras culturas nossas necessidades específicas. Não é difícil admitir verbalmente que isto não é correto, mas o contato direto com as exigências dos indivíduos de outras culturas provoca um choque: sabe-se que nossas necessidades, especialmente aquelas relacionadas com a liberdade e a intimidade pessoal, nem sempre são por eles partilhadas. Pensando bem, não podemos certamente tomar isto como uma prova de inferioridade das outras culturas; trata-se simplesmente de uma prova da sua diversidade. Senti pessoalmente como pode ser dolorosa esta experiência durante meu encontro com a cultura chinesa que – à luz dos nossos indiscutíveis princípios e valores – me ensinou a ser muito cauteloso ao formular opiniões.

No outro extremo do eixo está o totalitarismo, ou seja, a subordinação total (inclusive espiritual) do indivíduo à sociedade. Infelizmente, temos à disposição muitos exemplos deste caso limite de realidade social, que significa uma tragédia para os povos que sentem a necessidade da liberdade pessoal em suas diferentes formas de manifestação, inclusive a liberdade de pensamento.

O nosso empenho, quero lembrar mais uma vez, não é tanto o de valorizar as experiências passadas – embora estas nos permitiriam esboçar uma adequada tipologia dos fenômenos em questão –, mas o de antever o futuro desenvolvimento. Qual será o curso dos acontecimentos em relação ao destino do indivíduo humano? Favorecerá a tendência a um individualismo moderado (dado que a sua forma limite já foi qualificada de fantasma utópico) ou a alguma forma de totalitarismo? Estas questões são de importância capital, já que está em jogo o destino do homem, não do homem abstrato, com H maiúsculo, mas do homem em suas concretas formas de manifestação: como indivíduo vivo e atuante. A resposta a estas perguntas pode ser dada apenas depois de termos dimensionado todos os possíveis riscos.

Atualmente, encontramo-nos diante de uma situação extremamente complicada, que exclui toda resposta unívoca e que dá lugar apenas a previsões relacionadas com soluções alternativas. No caso do indivíduo, estas complicações são ainda maiores, tanto pelo altíssimo número de variáveis envolvidas quanto pela natureza do objeto de análise.

Para poder iniciar esta análise, cabe antes responder com clareza à questão sobre os valores que aceitamos, a este respeito, como sistema de referência. Existem certamente defensores tanto do individualismo quanto do totalitarismo, e as opiniões são sempre muito relativas e sempre se referem ao próprio sistema de valores. O meu ponto de vista

INDIVÍDUO E SOCIEDADE **107**

é o de um individualismo moderado, que daqui em diante utilizarei como sistema de referência.

Não é certamente minha intenção formular juízos definitivos, mas quero analisar todos os elementos da situação e discutir hipoteticamente as possíveis soluções alternativas. Na medida em que dou preferência ao individualismo moderado, devemos antes de tudo descobrir quais elementos da situação social prevalecentes durante a segunda revolução industrial favorecerão seu desenvolvimento e quais o obstruirão.

Iremos nos limitar aqui, infelizmente, apenas ao caso dos países industrializados (tanto capitalistas quanto socialistas), já que o Terceiro Mundo, pelos motivos discutidos anteriormente, representa um complicado problema à parte. Nos países desenvolvidos, apesar do desemprego estrutural, a segunda revolução industrial trará consigo um certo número de transformações materiais que favorecerão a emergência de comportamentos típicos do individualismo moderado.

Em primeiro lugar, a sociedade enriquecerá rapidamente como consequência do aperfeiçoamento da automação da produção. O fato de que este mesmo processo venha a ser a causa do desemprego estrutural não contradiz a correção das afirmações que acabamos de fazer: será uma sociedade rica que deverá enfrentar o problema do desaparecimento do trabalho no sentido tradicional, mas que, graças à sua riqueza, poderá resolvê-lo mais facilmente, pelo menos nos seus aspectos materiais. O alto padrão de vida material dos membros desta sociedade futura, a sua independência material sem precedentes – mesmo que alguns venham a ser privados da oportunidade de um trabalho remunerado (outros aspectos mais complexos do problema serão analisados posteriormente, quando falarmos do sentido da vida do homem na sociedade informática) – produzirão novos impulsos em direção a um tipo de individualismo estreitamente ligado aos direitos civis. Graças à própria independência material, as pessoas serão mais livres do que hoje, pelo menos em alguns âmbitos determinados de sua vida. Portanto, estarão em melhores condições do que hoje para defender sua liberdade, inclusive a liberdade política. Em todo caso, existe esta possibilidade para o desenvolvimento da democracia, com o favorecimento na vida privada daquilo que caracterizamos como individualismo moderado.

Em segundo lugar, a abundância de informações de todos os tipos que o homem da sociedade informática terá à disposição atuará na mesma direção. Os cidadãos serão mais esclarecidos, provavelmente serão universalmente mais instruídos (disto falaremos mais adiante), o que estimulará, por outro lado, o desenvolvimento de atitudes típicas do individualismo moderado. Estas atitudes não estarão de modo algum em contradição com o engajamento social, mas se oporão firmemente a todas as tendências totalitárias, particularmente quando entendidas como limitação da vida espiritual e sufocamento da autonomia e da criatividade pessoais.

Em terceiro lugar, graças à abundância e à variedade de informações, tais desenvolvimentos romperão o isolamento dos indivíduos e colocarão fim à alienação que sofrem, como acontece hoje, vivendo fechados em compartimentos profissionais, de classes e nações. A sociedade informática traz consigo tendências contraditórias a este respeito: de um lado, reforça a alienação dos homens, mas de outro permite superá-la efetivamente. Para dar um exemplo: a futura organização do trabalho de escritório – pela qual todo empregado trabalhará a maior parte do tempo só em sua casa, comunicando-se com os outros e recebendo os dados e os documentos necessários por meio de terminais – aumentará o sentido de isolamento daqueles que trabalharem nestas condições. Mas, por outro lado, a comunicação baseada em fibras óticas e satélites romperá o isolamento e a consequente alienação das pessoas que vivem distantes das concentrações humanas (fenômeno já em curso no Canadá). Além disto, é difícil estabelecer se uma pessoa que trabalha em casa com documentos recebidos comodamente via terminal e que se comunica livremente com outras pessoas interessadas no seu próprio trabalho encontrará mais satisfação do que experimenta hoje trabalhando em escritórios apertados e barulhentos, onde os contatos com os colegas são mais ilusórios que reais, e se a presença dos outros resulta mais num prazer que num incômodo. Deve-se acrescentar a este respeito que tal tipo de isolamento das pessoas, gerado pela tecnologia moderna, poderia ser atenuado pela extraordinária riqueza de contatos, hoje impensáveis, graças aos novos meios de comunicação. Trata-se, naturalmente, de um problema psicológico que só pode ser resolvido na prática.

Pode-se dizer, portanto, com uma certa segurança, que nas condições de uma maior riqueza material e de uma grande abundância

INDIVÍDUO E SOCIEDADE

de informações, obtidas pela segunda revolução industrial, nós nos veremos cada vez mais diante do crescimento de tendências individualistas, no sentido específico em que empregamos este conceito. É evidente que o atual desenvolvimento acarreta também riscos específicos do ponto de vista do problema ora examinado. Já nos referimos a isto, agora devemos aprofundar a discussão a respeito da situação futura do indivíduo humano diante da ameaça das tendências totalitárias.

Em primeiro lugar, a sociedade informática traz consigo o perigo de que o indivíduo seja manipulado pelas autoridades que poderão ter a seu dispor muito mais informações do que é possível hoje. Já havíamos antevisto este risco anteriormente, ao indicarmos as possíveis mudanças na formação política da sociedade. O desenvolvimento da computação permitirá inevitavelmente a coleta de todos os dados relativos a todas as características e atitudes do indivíduo, armazenando-os numa única memória computadorizada posta à disposição das mais diferentes instituições que, de algum modo, venham a precisar de informações sobre os cidadãos. Entre estas acham-se as administrações do governo central e local, os ministérios da educação, da saúde, do trabalho e da previdência social, o sistema penitenciário, mas também as organizações esportivas, os círculos privados etc. No limite, estas fontes de informações são distintas e separadas umas das outras, e recentemente estão sendo aperfeiçoados sistemas para proteger o sigilo dos dados e impedir que a eles tenham acesso os não autorizados.

Mas a questão é estabelecer quem são as pessoas ou instituições "autorizadas". Isto dependerá das finalidades a respeito, e é legítimo o ceticismo quando se trata de impedir que as instituições autorizadas a controlar os cidadãos (inclusive supondo que seja para o bem deles) recolham em um só computador todos os dados disponíveis sobre uma pessoa determinada. Isto significa não só a possibilidade de chantagear o cidadão, no caso de este ter cometido algo criticável ou de ter se tornado responsável por algum delito, mas também algo mais, que procuraremos esclarecer.

Existe, de fato, uma outra possibilidade de manipulação das informações para fins espúrios e em dose muito maior. Isto aconteceria se a instituição que analisa seus dados chegasse a saber a respeito do indivíduo muito mais do que ele próprio. Esta não é de modo algum uma situação imaginária, especialmente se levarmos em conta que o homem frequentemente se protege contra verdades incômodas a seu respeito recorrendo a vários mecanismos defensivos inconscientes do tipo, por exemplo, da "dissonância cognoscitiva". Frequentemente inibimos o conhecimento de uma parte de nós mesmos que nos é desagradável, mas um analista externo não tem inibições deste tipo e pode terminar sabendo muito mais sobre nós, ou pelo menos pode saber melhor do que nós quais são os nossos pontos débeis, sempre e quando for adequadamente adestrado a este fim. Uma situação deste tipo oferece a alguns a oportunidade de manipular os outros, ainda que seja no sentido de convencê-los mais facilmente a seguir nossos fins.

Esta é seguramente a arma do totalitarismo, que tira proveito de todas as técnicas de convencimento e atração das massas (ver a este respeito o capítulo de *Mein Kampf*, de Hitler, sobre a excitação das massas, que é psicologicamente interessante) e também de inibição das capacidades intelectuais dos indivíduos. Zamyatin, no seu *Nós*, escrito em 1920 e injustamente esquecido, já antecipava todas as obras posteriores da *science fiction* relativas a problemas políticos e sociais (Huxley, Orwell e outros), descrevendo como a tentativa de alcançar a uniformização das mentes humanas, no espírito do perfeito totalitarismo, substitui o conceito do *Eu* (individual) pelo do *Nós* (coletivo). Como os cidadãos da cidade-estado em que é ambientado o livro opõem uma certa resistência à base de um individualismo sadio, os cientistas do Estado aconselham que se extirpe do cérebro o centro da imaginação, recentemente descoberto por eles, o que em seguida é efetivamente levado a cabo com sucesso; no dia seguinte, os robôs humanos marcham em fila, com um número colado no uniforme como única indicação de sua identidade. Intervenções cirúrgicas que buscam destruir o comportamento individualista realizadas no cérebro humano mostraram-se inúteis: o totalitarismo, além da coerção física, serve-se do condicionamento e da manipulação, e para tal fim a informática e as tecnologias derivadas podem desempenhar apenas um papel auxiliar. Minha intenção é tão somente a de assinalar um possível perigo.

Existe, portanto, um outro canal através do qual se pode alcançar a manipulação dos cidadãos com auxílio da informática. Não se trata da informação *sobre* os indivíduos, mas da "lavagem cerebral",

INDIVÍDUO E SOCIEDADE 111

obtida mediante uma adequada e acurada seleção de informações. Os métodos de "lavagem cerebral" aplicados em detentos e em prisioneiros de guerra dos quais se quer "distorcer" a personalidade não são oficialmente conhecidos, já que questões como estas são quase sempre encobertas pelo segredo militar. Sabe-se porém que tais métodos existem e são aplicados regularmente.

Sabe-se igualmente que, na teoria e na prática, a consciência humana pode ser também condicionada subliminarmente pela projeção de filmes e por estímulos que uma pessoa pode receber durante o sono.

Deixemos de lado por um instante estes métodos inquietantes e concentremos nossa atenção sobre o impacto comum que as informações exercem sobre a inteligência humana. Isto se refere principalmente aos meios de comunicação de massa: o rádio, a televisão, a imprensa, o cinema etc. A experiência demonstra que o fornecimento contínuo e regular de um tipo de informação pode forjar as tendências da opinião pública desejadas. Em todos os países, sabe-se que quem controla estes canais de informação não só controla a opinião pública mas, na continuidade, pode forjar também modelos de personalidade e o caráter social dos seres humanos. Este fim pode ser alcançado de modo muito sofisticado, introduzindo elementos de propaganda nas informações difundidas ordinariamente; neste caso as pessoas são praticamente impotentes, já que não percebem a presença da propaganda e por isso não podem a ela se opor. É óbvio que se trata de uma arma poderosa nas mãos dos partidários do totalitarismo. Orwell representou o cenário de uma maneira viva (ainda que absurda) no seu romance *1984*, ao descrever o funcionamento do Ministério da Verdade. Neste ponto se coloca, portanto, uma pergunta: trata-se verdadeiramente de algo absurdo e de mera fantasia política, tendo em vista as potencialidades das atuais técnicas de informação?

Em terceiro lugar, a inteligência do homem pode ser condicionada pela formação escolar, especialmente durante sua juventude. Depende muito dos programas e do conteúdo de informações que eles comportam, embora a família possa limitar tal influência. Deve-se ter presente que a formação escolar não transmite apenas noções mas também, frequentemente num nível apenas latente, modelos de formação da personalidade e do caráter social dos seres humanos, na medida em que transmite um preciso sistema de valores socialmente aceito. Isto vale não apenas para a escola no sentido tradicional do termo, mas também – e este método terá sempre maior importância na sociedade informática – para a transmissão dos programas educativos pelos meios de comunicação de massa, em particular o rádio e a televisão. Retomaremos esta questão mais detalhadamente no próximo capítulo, em conexão com o prolongamento do processo educativo. Precisamente aqui encontram-se os perigos ocultos mencionados anteriormente: será determinante saber quem controla os meios de comunicação de massa e como os utiliza. A questão torna-se ainda mais grave se se considerar que a transmissão de programas via satélite deixa a difusão das informações absolutamente independente das decisões locais. As decisões são tomadas por aqueles que têm à sua disposição o sistema de transmissão. Como já foi dito, esta situação encerra um perigo latente para as culturas étnicas, mas o mesmo discurso vale também para o conflito entre o individualismo e o totalitarismo. Sobre esta questão não se pode mais avançar muito neste momento, a menos que se queira entrar no campo da pura especulação. Mas vale a pena chamar a atenção para este perigo iminente.

Em quarto lugar, devem-se levar em consideração os fenômenos que estão se produzindo hoje em larga escala na juventude, e que nos chocam na maioria das vezes por causa da forma alienada com que esta juventude se opõe às sociedades existentes – algo do tipo de teses e comportamentos *pour épater les bourgeois*. No entanto, se conseguirmos fazer abstração das formas exteriores frequentemente chocantes que acompanham estes processos (a roupa, o penteado etc., que possuem um caráter meramente acidental destinado apenas a acentuar a própria posição alienada e que não têm maior importância), poderemos reduzir a variedade destas formas de alienação a um único denominador comum: a aspiração por uma vida coletiva, a ruptura com o individualismo que separa uns dos outros – e isto em contraste com as aparências daquelas manifestações exteriores. Na minha opinião, o mais importante nestes processos é a sua tendência de formar "famílias ampliadas", mesmo que estas formas se diferenciem entre si. Uma outra manifestação psicologicamente interessante desta relação é a vivência coletiva na música *pop*, que frequentemente dá lugar a uma histeria das massas. Ambas as manifestações aguardam ainda uma análise psicológica e sociologicamente mais aprofundada;

INDIVÍDUO E SOCIEDADE **113**

apesar da grande quantidade de literatura sobre o tema nos diversos países do mundo, as interpretações propostas são ainda superficiais.

Um fenômeno sem dúvida mais profundo, ligado sobretudo às condições de vida do homem moderno, é esta aspiração a formar "famílias ampliadas", que não necessariamente, a não ser em alguns raros casos, está ligada ao problema da liberação das relações sexuais e à renúncia à família tradicional. Isto não ocorria nas "famílias ampliadas" das sociedades primitivas: elas eram a este respeito bem mais restritivas em matéria de normas. A inobservância de tais normas não se manifesta necessariamente nas modernas "famílias ampliadas", que expressam bem mais o desejo de formar uma múltipla cooperação social, já que isto possibilita ao indivíduo uma vida mais fácil e mais rica. Em todo o caso, este retorno à vida coletiva (mas de uma forma modificada, pois as "famílias ampliadas" de hoje não se baseiam em afinidades de sangue) é certamente muito interessante.

Do ponto de vista da colisão entre tendências individualistas e totalitárias, a aspiração por vivências de massa na música moderna, na dança, no esporte e sobretudo nas práticas religiosas é psicologicamente ainda mais interessante. No que se refere às últimas vivências mencionadas, frequentemente excêntricas quanto à sua forma e gênese, encontram aqui e ali sua expressão na formação de diferentes seitas religiosas. Não podemos esquecer que este método de aliciamento e aglutinação das massas foi usado e abusado pelo fascismo. Como será isto na sociedade informática? É provável que estas tendências se intensifiquem. O processo, de um lado, será favorecido pelo padrão de vida de uma sociedade cada vez mais rica e, de outro, alimentado pelo crescente sentimento de isolamento e frustração da juventude submetida ao desemprego estrutural, mesmo que venham a ser acionados os diferentes "sucedâneos" do trabalho tradicional – o que terá de ser feito necessariamente (voltaremos a isto). Esta juventude deverá fundamentalmente procurar uma compensação para as condições sociais perdidas em uma nova forma de vida social. Isto ocorrerá porque as alarmantes manifestações de isolamento e alienação, que hoje já caracterizam a "sociedade de massas", na qual os indivíduos se sentem perdidos e isolados em meio a multidões de outros indivíduos, tornar-se-ão, provavelmente, mais intensas. É psicologicamente compreensível que uma pessoa, principalmente se é jovem, procure ajuda na fraternidade dos "círculos fechados" quando se encontra nesta isoladora alienação. É desta maneira que se passa dos efeitos positivos e inocentes da vida numa "família ampliada" à vivência histérica na moderna música *pop* e nas manifestações esportivas, às preocupantes "comunidades fechadas" das gangues juvenis e, finalmente, à exploração deliberada destas emoções pelas organizações paramilitares (pelo menos no que se refere às formas e aos comportamentos). Também neste caso, nada mais faço do que lançar uma advertência contra este perigo, porque se trata de um perigo, sem dúvida, real.

Resumindo nossas reflexões, devemos constatar que nos deparamos com inumeráveis questões e alternativas. Não poderia ser de outra maneira neste âmbito, já que se trata de um prognóstico, mesmo que para um futuro relativamente próximo. E a conclusão? As ações conscientes dos homens passam a ter um significado decisivo, já que de um modo ou de outro podem determinar este futuro. Quando consideramos o problema a partir desta perspectiva, torna-se claro que também as alternativas e as questões formuladas são significativas, já que indicam as possibilidades e os perigos e, consequentemente, assinalam com isto a direção a seguir.

Para concluir, cabe destacar uma outra coisa. Quando consideramos o problema do indivíduo humano, fazê-mo-lo, em certo sentido, independente dos problemas sociais que constituíram o objeto de nossa análise inicial. Mas seria um erro separar estas coisas, pois deformaria nossa reflexão como um todo. Certamente que os problemas do indivíduo e de suas relações com a sociedade estão organicamente vinculados aos problemas sociais, que formam sua base. A vitória das tendências individualistas ou totalitárias, no que se refere à situação do indivíduo na sociedade informática, depende sobretudo da forma como venham a ser resolvidos os problemas da formação política desta sociedade: no espírito da democracia ou no do totalitarismo.

Já havíamos destacado as forças e os interesses sociais que estariam envolvidos no conflito. Devemos esclarecer também que esta ou outras soluções da controvérsia sobre o modelo político da sociedade informática determinarão também o êxito do conflito, analisado anteriormente, sobre a situação do indivíduo. Esta é uma afirmação fundamental, porque indica a direção dos procedimentos futuros a serem levados a cabo por aqueles que são favoráveis às tendências

INDIVÍDUO E SOCIEDADE 115

individualistas. Torna-se claro, portanto, que também não é possível lutar pela vitória de tais tendências sem antes assumir a causa da democracia na formação política da sociedade informática. Esta afirmação é tão evidente que até parece banal, mas, apesar disso, é extremamente importante do ponto de vista das consequências políticas.

8

O HOMEM À PROCURA DO SENTIDO DA VIDA
(*Homo studiosus - homo universalis*)

Investigamos anteriormente o desemprego estrutural – um epifenômeno da automação da produção e dos serviços – do ponto de vista das suas consequências econômicas e políticas. Examinemos agora as consequências deste tipo de desemprego da perspectiva do indivíduo humano, em conformidade com o programa geral desta parte do nosso livro. É evidente que o fenômeno econômico de desemprego incide imediatamente sobre o indivíduo que perde o seu trabalho; mas há também um outro aspecto do problema que está mais profundamente ligado ao seu destino: a perda daquilo que na linguagem da filosofia chamamos de sentido da vida.

A expressão "sentido da vida" soa filosófica; dado que os filósofos se ocupam frequentemente dos problemas que esta expressão abarca, o leitor poderia manifestar resistência e suspeita de que eu pretenda conduzi-lo a reflexões abstratas que nada têm a ver com a vida real. Esta conclusão é falsa; não leva em conta o fato de que estamos diante de uma expressão de múltiplos significados, que possui também uma determinação conceitual extremamente prática, ligada à vida cotidiana do homem. São estes problemas práticos que pretendo discutir.

O ceticismo das pessoas desconfiadas e refratárias em relação ao conceito que desejo examinar, agravado além disso pela tradição filosófica, deveria desaparecer diante da consideração de que a problemática do sentido da vida tornou-se atualmente objeto de estudo extensivo da psiquiatria, particularmente na chamada logoterapia, elaborada pelo professor e psiquiatra vienense Victor Frankl. Sem nos estendermos aqui sobre o tratamento logoterápico – o que ultrapassaria o tema de nossas reflexões –, gostaria de me referir à sua base teórica. Esta é formada pela teoria do "vazio existencial" (*existential vacuum*), que poderia ser sintetizada na afirmação segundo a qual a posse de um sentido da vida – consciência do objetivo pelo qual se vive – é uma necessidade humana. Por isto a perda desta consciência (em outras palavras: do sentido da vida) leva à formação de um específico "vazio existencial", que tem caráter patológico e constitui o fundamento de diferentes enfermidades psíquicas. O médico deveria auxiliar o paciente na recuperação do sentido da vida perdido (este não pode ser dado a ninguém, mas pode-se auxiliar uma pessoa a recuperá-lo). Isto constitui o significado profundo e a tarefa peculiar das técnicas logoterapêuticas.

O que entendemos por "sentido da vida"? Algo próximo tanto da logoterapia, que se apoia na teoria do "vazio existencial" (esta proximidade me interessa, porque estou convencido de que a perda do sentido da vida pelo homem gera patologias psíquicas), quanto daqueles conteúdos que motivam o agir do homem, dando-lhe um sentido de satisfação da tarefa cumprida, se o resultado de sua atividade for positivo. Como vemos, o significado é muito simples e não tem nada em comum com a especulação filosófica. No entanto, nele estão envolvidas importantes questões da vida humana, como nos revela a psiquiatria moderna. Um sentido da vida interiorizado pelo homem é para ele um valor positivo, o que pode ser até decisivo para o seu bem-estar psíquico.

Ora, a atual revolução tecnológico-industrial contém elementos que ameaçam este valor, já que, em suas consequências, podem pôr em perigo também a saúde psíquica do homem. Por isso o problema merece ser analisado mais detalhadamente.

Este perigo está ligado ao desemprego estrutural causado pela automação e pela robotização da produção e dos serviços. Em outras palavras: com o progresso desta revolução, massas humanas cada vez maiores serão liberadas do dever de trabalhar. Do ponto de vista humano-individual, isto significa que um número crescente de pessoas perderá para sempre a possibilidade do trabalho remunerado (isto é, do trabalho no sentido tradicional da palavra), não como resultado das perturbações temporárias do mercado de trabalho, mas pelo fato de que o trabalho humano será substituído em muitos setores por autômatos e robôs, tornando-se simplesmente supérfluo. Partindo da

O HOMEM À PROCURA DO SENTIDO DA VIDA 119

hipótese de que os homens assim "liberados" do trabalho recebam da sociedade os meios necessários de subsistência – já nos referimos a isto –, o fenômeno deve ser considerado positivo porque liberaria o homem da maldição de Jeová, segundo a qual foi condenado a ganhar seu pão com o suor do próprio rosto. Este é apenas um aspecto do problema, importante e positivo. Há também o outro lado da moeda, a que devemos dar atenção: o homem que perde o seu trabalho perde ao mesmo tempo o sentido fundamental da vida, que é comum a todos.

Quando se vive sob a pressão do estereótipo segundo o qual a formação do sentido da vida tem algo de misterioso, talvez até de místico, pode então parecer trivial a afirmação de que o trabalho constitui o sentido da vida mais comum. No entanto, trata-se de um conceito importante. Excetuados os parasitas sociais, o trabalho é a motivação fundamental do agir humano na sociedade atual. Isto diz respeito não apenas aos estímulos relativos à necessidade de obter os meios de manutenção da vida material (no sentido da vasta gama de necessidades dos cidadãos existente nos países industrializados), mas sobretudo – a ordem de enumeração não pretende indicar a importância relativa dos problemas – aos esforços exigidos para adquirir um status social desejado e, deste modo, ao próprio papel do indivíduo no interior da sociedade, alcançado por meio do trabalho. Isto deve ser lembrado especialmente no caso dos jovens desempregados que não podem satisfazer suas necessidades mesmo com as somas, ainda que altas, que lhes são doadas pelos fundos sociais. Para eles o trabalho significa hoje o símbolo de sua autonomia, de sua integração social e o caminho para sua ascensão social. Quando este atrativo falha, desaparece também o estímulo para aprender e a vida se vê envolvida por um "vazio existencial" caracterizado pelo tédio, que se expressa também na falta de interesse pelo que acontece na vida pública.

Na minha opinião, não se realizaram até hoje sérias investigações empíricas ou teóricas sobre o tédio como fonte da patologia social, especialmente entre os jovens. Existem muitos indicadores práticos que mostram que a capacidade dos pedagogos de despertar interesse intelectual e entusiasmo pelo aprendizado representa uma contribuição para salvar os jovens do âmbito das patologias sociais; por outro lado, temos à nossa disposição muitas experiências políticas que demonstram que o estado de "vazio" (Vakuum) é utilizado por partidos ou organizações de tendência totalitária para atrair a juventude com o falso brilho das palavras de ordem vigorosas (especialmente quando dirigidas ao chauvinismo e à xenofobia) e com o falso sentimento de comunidade resultante das marchas em filas compactas. Privar os jovens do trabalho significa privá-los dolorosamente do sentido da vida ainda hoje operante. Na medida em que este sentido não é substituído por outro, surge a perigosa possibilidade de a juventude ficar à mercê da patologia que já se manifesta hoje em diferentes países sob a forma da toxicomania, do alcoolismo, da delinquência juvenil etc. Estes fenômenos são simplesmente o primeiro florescimento, enquanto o fruto maduro poderá ser observado na sociedade do desemprego estrutural avançado, caso não sejam tomadas em tempo oportuno medidas preventivas consequentes.

Quais? Antes de responder a esta questão, devemos olhar um pouco mais de perto os perigos do futuro. O perigo de um desemprego estrutural em massa é efetivamente real? É efetivamente necessário reagir desde já aos seus possíveis efeitos?

A resposta à primeira questão é indubitavelmente afirmativa: o desenvolvimento da sociedade informática será acompanhado inevitavelmente pelo fenômeno do desemprego estrutural que assumirá proporções gigantescas e incidirá em primeiro lugar – pelo menos no período inicial – sobre os jovens. Eles estarão à mercê da insegurança, particularmente em comparação com os mais velhos que já (ou ainda) possuem um trabalho e que mesmo assim são protegidos pelos sindicatos. Os jovens atingirão a idade adulta, que habitualmente é aquela em que se começa a trabalhar com autonomia, tendo à sua frente todos os caminhos tradicionais bloqueados. Isto não contradiz o fato – voltamos a repeti-lo para evitar mal-entendidos – de que não prevemos o *total* desaparecimento das formas de trabalho conhecidas até agora. Muitos tipos de trabalho permanecerão, outros se desenvolverão numericamente e serão gerados novos campos de trabalho.

Em primeiro lugar, todos os âmbitos do chamado trabalho criativo permanecerão e se desenvolverão quantitativamente com mais intensidade do que hoje. Isto decorrerá de dois fatores: numa sociedade mais rica, o acesso à educação nestes âmbitos tornar-se-á economicamente mais fácil; ao mesmo tempo, aumentará enormemente a procura de

O HOMEM À PROCURA DO SENTIDO DA VIDA   121

quadros científicos especializados, já que a ciência se converterá no mais importante meio de produção.

Em segundo lugar, as profissões ligadas à organização da vida social não poderão ser desenvolvidas por autômatos, mesmo que a organização da vida venha a necessitar da utilização de computadores e, consequentemente, seja aperfeiçoada. Isto vale também para a investigação das necessidades sociais e para o planejamento de sua satisfação, para o saneamento, a educação, o transporte, o comércio, a preservação ecológica, a prestação de serviços bancários, os restaurantes, os hotéis etc. Como se vê, estamos diante de um gigantesco sistema de necessidades e de profissões correspondentes que, com o enriquecimento da sociedade, com toda probabilidade, crescerá numericamente.

Em terceiro lugar, deve-se contar com o desdobramento das formas embrionárias (hoje existentes apenas nos países ricos) da rede das diferentes formas de previdência social. Elas serão incorporadas com rapidez pelos homens individualmente: pelos velhos, pelos inválidos, pelos portadores de deficiências, pelos doentes, pelos adolescentes etc. Trata-se de um setor que crescerá rapidamente.

Em quarto lugar, existirão ainda, talvez em número menor mas num nível ainda mais alto de especialização, as profissões de controle e de organização da produção e dos serviços. Isto também vale para os novos empregos ligados ao desenvolvimento da microeletrônica e de suas aplicações.

Em quinto lugar, o enorme aumento do tempo livre corresponderá ao crescimento do número de pessoas especializadas na sua organização, no campo do turismo, do esporte etc.

Por último, *last but not least*, a agricultura, a silvicultura, a horticultura, a pecuária etc. necessitarão ainda de trabalho humano, apesar de todos os admiráveis progressos da automação e da robotização (já existe hoje, neste âmbito, o mais puro "milagre": por exemplo, máquinas que cultivam o solo, que preparam os fertilizantes etc.). Tornou-se, entretanto, claro que não se pode esperar muito (em termos numéricos) destas ocupações, especialmente quando se considera que nos países mais industrializados a população agrícola hoje já não supera os 3% do conjunto; também é certo que esta população diminuirá com o amplo progresso da automação.

Como podemos ver, na sociedade informática, com toda a sua automação e robotização, sobreviverá uma série de setores de trabalho que já eram conhecidos no passado. Além disso, surgirão novos âmbitos de trabalho. Uma grande parte da população também continuará trabalhando e o número de pessoas empregadas poderá crescer graças à redução da jornada de trabalho. Sublinho este fato não apenas para evitar pânico desnecessário, mas também para desmentir as objeções de que exagero a gravidade da situação, objeções feitas pelos que pretendem impedir procedimentos preventivos. Estas medidas são necessárias – quero repetir a minha advertência – e o seus preparativos devem ser iniciados imediatamente. Ainda que uma grande parte da população, talvez a maioria, tenha garantido o seu lugar de trabalho até mesmo no futuro próximo, que fixamos como horizonte de nosso cenário, devemos levar em consideração, no caso dos países industrializados (repito que os países do Terceiro Mundo constituem um problema específico, que encerra em si uma catástrofe e que por isso precisa ser considerado à parte), que o desemprego estrutural atingirá dezenas ou centenas de milhões de pessoas. Isto me parece um sério motivo de preocupação. Apesar do número reconfortante das ocupações disponíveis no futuro, não podemos deixar de advertir que a automação e a robotização da produção e dos serviços incidirão sobre a vida de milhões de trabalhadores empregados nestes setores (e também em alguns setores do trabalho intelectual).

Há, portanto, um problema real que pode se tornar um problema socialmente perigoso (perigo de um difuso mal-estar social) se não forem tomadas medidas em tempo para impedi-lo. Mas a questão pode ser colocada nestes termos? Fazemos a pergunta porque ela corresponde à atitude negativa daqueles que se opõem à adoção de medidas apropriadas por presumirem que não sejam necessárias. Existem aqui duas categorias de defensores da política do *laissez-aller*.

Os membros da primeira afirmam que toda grande mudança da tecnologia de produção sempre foi acompanhada de distúrbios no funcionamento do mecanismo social, distúrbios que foram eliminados espontaneamente com o passar do tempo. Assim ocorreu na primeira revolução industrial e o mesmo deverá ocorrer na segunda: as medidas que visam a controlar o curso normal dos acontecimentos servirão apenas para complicar as coisas.

O HOMEM À PROCURA DO SENTIDO DA VIDA **123**

Há um duplo erro nesta argumentação. Em primeiro lugar, ela não leva em consideração os custos sociais de um tal desenvolvimento "espontâneo": a mecanização da produção, especialmente na indústria têxtil, custou milhões de vítimas, cujas oficinas tradicionais foram levadas à ruína pela concorrência (Índia, a sublevação dos tecelões da Silésia etc.). Tendo em vista a proporção do fenômeno, qual será o custo da segunda revolução industrial se se adotar uma atitude de não interferência, de irresponsabilidade social em relação ao curso dos acontecimentos? Pode a sociedade permitir-se isto? O segundo erro consiste em desconsiderar o fato de que uma tal operação – independentemente de seus custos – possa hoje mostrar-se tão eficaz quanto havia sido nas condições totalmente diversas do passado. Um raciocínio deste tipo se baseia em um *non sequitur*.

Os defensores da segunda categoria, ao contrário, referem-se à experiência dos povos primitivos e ao fato de que os membros da aristocracia do passado conseguiam viver muito bem sem trabalhar, até mesmo desprezando aqueles que exerciam um trabalho manual.

Ambas as argumentações são insustentáveis. O *dolce far niente* dos povos primitivos era um típico intervalo – como o nosso tempo livre – entre as ocupações (guerra, caça etc.) que constituíam o seu sentido da vida. Além do mais, somente uma pessoa completamente ignorante dos fundamentos da psicologia social pode "esquecer" o fato de que o homem e as suas necessidades são produtos históricos (como já foi anteriormente discutido), e que por isso as necessidades de um membro da sociedade industrial contemporânea são qualitativamente diversas das necessidades, por exemplo, de um membro de uma tribo do deserto de Kalahari.

No que diz respeito, por outro lado, ao modo de vida da aristocracia do passado, não podemos esquecer que também este era o resultado de uma combinação de ocupações que formavam um outro sentido da vida (guerras, atividades do Estado e da corte, etc.). Não há portanto nenhum sentido em projetar tais exemplos na vida do homem da sociedade contemporânea, a não ser apoiando-se em um anti-historicismo extremado.

Desta discussão, todavia, pode-se tirar a seguinte conclusão: enquanto o sentido da vida humana sempre foi correlato a alguma de suas atividades, estas atividades nem sempre coincidiram com o trabalho tal como o entendemos hoje, como emprego remunerado ou outras de suas formas substitutivas. Esta é uma afirmação importante diante da seguinte questão: como e o que deverá substituir o sentido da vida humana quando este desaparecer juntamente com o atual conceito de trabalho?

A resposta será: deveremos oferecer-lhes ocupações que possam substituir o trabalho no sentido tradicional, tornar-se a fonte dos necessários meios de sua subsistência (num dado nível histórico de desenvolvimento das necessidades humanas) e determinar ao mesmo tempo o seu *status* social, com todos os estímulos derivados da possibilidade da ascensão social.

Isso introduz uma contraposição trabalho × ocupação. A questão, entretanto, não consiste apenas na modificação eventual dos termos ou na forma da remuneração que o indivíduo poderá receber. Trata-se de uma inovação essencial, sem a qual não será possível resolver o problema do desemprego estrutural.

Como havíamos dito, determinadas formas de trabalho também sobreviverão na sociedade informática. Já havíamos citado alguns exemplos e chegamos à conclusão de que a redução do horário de trabalho obrigatório seria suficiente para dar trabalho à maioria dos homens. Isto porque alguns âmbitos de trabalho (em primeiro lugar a ciência e a arte no sentido mais amplo do termo) experimentarão uma explosão quantitativa, naturalmente sob a condição de que o Estado assuma para si a remuneração daqueles que efetivamente trabalham nestes setores. Além disso, os âmbitos de ocupação que hoje existem apenas *in nuce*, e apenas em alguns lugares, registrarão também um forte incremento, mas sob a mesma condição. Esta perspectiva vale particularmente para as instituições da previdência e da consulta social (a instituição do *social worker*).

Ainda assim permanecerá o problema de dezenas e, mais tarde – com os ulteriores progressos da automação –, de centenas de milhões de desempregados que se tornarão delinquentes com a redução do trabalho humano na produção e nos serviços. Dado que, pelo menos no primeiro período, isto afetará sobretudo os jovens, o perigo do mal-estar social para essas massas humanas será enorme, mesmo que o Estado se encarregue inteiramente dos custos da sua subsistência. Daí a necessidade de se encontrar para eles novas formas de ocupação

O HOMEM À PROCURA DO SENTIDO DA VIDA

que, sendo aceitas pela sociedade, manterão intactos os estímulos hoje ligados ao trabalho remunerado e que servirão como base para a criação de um novo sentido da vida na nova sociedade.

O modelo universal de uma ocupação do gênero, extremamente útil do ponto de vista social, deveria consistir na educação permanente (*continuous education*), que combinasse – este ponto deve ser sublinhado a fim de evitar mal-entendidos – uma atividade de verdadeiro estudo com uma atividade de ensino.

Esta é uma ideia muito antiga, remonta a Platão, o qual, segundo sua utopia da república aristocrática, partia do pressuposto de que os membros dos estratos superiores – isto é, aqueles que se encarregavam dos negócios públicos – deveriam ser instruídos até a idade de quarenta anos (muito avançada na época) em todos os campos artísticos e científicos, sendo-lhes permitido o ingresso na atividade política apenas depois de ultrapassada esta idade. A intenção era clara: todos os que fossem admitidos na vida política deveriam ser maduros e sábios.

Fazendo nossa esta ideia, partimos de uma premissa diversa: queremos nos ocupar da maioria dos cidadãos e não apenas da elite; colocamo-nos a favor da estabilização de uma sociedade democrática e não para garantir a dominação de uma aristocracia; queremos encontrar – e este é o fator inteiramente novo – uma ocupação honesta e digna para as pessoas afetadas pelo desemprego estrutural, especialmente para os jovens.

Como se poderá realizar tudo isto? Não arrisco uma resposta detalhada, ninguém poderá dá-la nesta fase. Um trabalho do gênero deveria ter sido há muito realizado pelos estudiosos competentes depois de anos de pesquisas; infelizmente, ele não foi sequer iniciado e as instituições internacionais que, como a UNESCO, deveriam se ocupar *ex officio* destes problemas, ignoram-nos completamente. O que irei propor será apenas um esboço para provar que a ideia é realista e factível. O ponto de partida de uma análise posterior e que a educação permanente deveria ser um dever social como o é hoje a escola obrigatória (mesmo que a sua duração varie conforme o país). Esta deve ser sobretudo eficaz, um direito do qual não se possa abrir mão; ao mesmo tempo, é essencial eliminar a situação desmoralizante que se criou, especialmente entre os adultos, quando se recebe algo da sociedade (e não propriamente uma bagatela) sem apresentar serviço ou produto algum em troca. Tudo isto é obvio para o trabalho remunerado; o mesmo deveria ocorrer com qualquer ocupação substitutiva. Caso contrário, desmoronaria até mesmo a ideia de se criar deste modo um sentido da vida substitutivo. Como, por quem e sob quais sanções deve-se impor o cumprimento de tal obrigação são aspectos que deveriam ser resolvidos de acordo com as condições locais. Acredito que uma tarefa do gênero deveria ser conferida a autoridades governamentais locais.

Em segundo lugar, é evidente que os integrantes da sociedade informática passarão a sua juventude nas escolas comuns, semelhantes às que temos hoje, mas com programas de estudos modificados, na medida em que continuariam os estudos na idade pós-escolar e teriam à sua disposição computadores e autômatos com programas especializados para o ensino; não precisariam portanto memorizar todas aquelas noções transmitidas aos alunos de hoje, e ao mesmo tempo poderiam desenvolver uma certa independência de pensamento. Esta educação escolar obrigatória deveria ser prolongada, e os métodos de ensino reformulados de modo a promover maior autonomia dos estudantes e sua autoformação controlada (veja-se, por exemplo, o método de Dalton).

Em terceiro lugar, o período de instrução superior especializada poderia lembrar também aquele que possuímos hoje, naturalmente com programas profundamente modificados e de maior duração.

Em quarto lugar, a partir do momento em que se deixa a escola média (prescindindo do curso de estudos que a ela se seguirá, seja este universitário ou de formação profissional), todo estudante deveria desenvolver, segundo sua capacidade e competência, as funções de professor, instrutor (no esporte, por exemplo), consultor, assistente social etc., na medida em que haverá uma forte demanda por este tipo de atividade.

Em quinto lugar, os cientistas, os artistas (pintores, escultores, escritores etc.) e os demais produtores independentes de valores culturais continuariam a sua atividade nos respectivos campos e deveriam ser remunerados pelo Estado segundo o nível e os resultados de seu trabalho criativo (as diferenças de remuneração deveriam ser fixadas – como parece mais razoável – por organizações autônomas de cientistas, artistas etc.).

O HOMEM À PROCURA DO SENTIDO DA VIDA 127

Em sexto lugar, todos aqueles que carecem de habilidade e de talento para trabalhar num específico campo científico ou artístico, deveriam continuar seus estudos em setores selecionados de atividades práticas ou culturais, com a possibilidade de mudar o tipo de estudo segundo programas de estudo alternativos preparados por especialistas em vários setores. Uma estrutura deste tipo garantiria a livre escolha no prosseguimento dos estudos, com a possibilidade de os interessados terem à disposição especialistas no setor escolhido.

Como se pode notar, o projeto é gigantesco, mas será gigantesco também o resultado: um novo tipo de homem, ou seja, o *homo studiosus*. Pela primeira vez na história da humanidade será tão possível quanto necessário colocar em prática uma empresa deste gênero. Sem isto – ou sem outras medidas alternativas que também penetrem profundamente na vida social – a humanidade perderia o controle da nova situação.

Pode-se também notar que este *homo studiosus* seria a realização de um dos mais velhos sonhos humanistas, o *homo universalis*.

O homem universal, ou aquele que está munido de uma instrução completa e em condições de mudar de profissão e portanto também de posição no interior da organização social do trabalho, representou até hoje uma ideia utópica. Hoje ela se tornou realidade e, em certo sentido, uma necessidade. A realização desta ideia poderá ser alcançada graças à educação permanente e a técnicas de informação sempre mais eficientes. Estes dois fatores tornarão possível a realização de outras duas velhas ideias consideradas até hoje utópicas, bloqueando deste modo a formação do novo homem universal: a eliminação da diferença entre trabalho manual e trabalho intelectual e entre trabalho no campo e trabalho nas cidades.

O primeiro problema será resolvido simplesmente pela superação do trabalho manual graças a automação e a robotização. Nos países altamente industrializados este processo será inevitável, irreversível e provavelmente muito próximo. A ciência tornar-se-á a força produtiva primária, e a produção terá necessidade, além dos autômatos, de técnicos e de engenheiros. O desaparecimento do trabalho manual na produção acarretará a eliminação de toda diferença entre trabalho manual e intelectual. Este fenômeno implicará também o desaparecimento da classe operária, gerando assim diversos problemas e preocupações para os partidos e movimentos políticos que ainda hoje querem conservar de modo doutrinário sua posição de partidos da classe operária. Entendo que estas informações são chocantes, que têm a ver com a atmosfera suspeita existente tanto de um lado quanto de outro da barricada política atual, mas esta é a verdade. Devemos nos adaptar à nova situação em que o trabalho manual (quero destacar mais uma vez que estamos falando dos países altamente industrializados, independentemente de seu sistema social) tornar-se-á um passatempo *sui generis*, provavelmente recomendável pelos médicos, mas desaparecerá como fenômeno socioeconômico. Este é um dos indicadores do caráter profundo da atual revolução industrial.

Muito mais complexa é a questão da diferença entre o trabalho nas cidades e o trabalho no campo. A eliminação desta diferença pode ser prevista hoje apenas na ficção científica. A agricultura, a pecuária, a silvicultura, a pesca etc. necessitarão ainda do trabalho humano, apesar das melhorias que se produzirão. Também nas cidades sobreviverão formas residuais de trabalho manual, mas a este respeito podemos falar de uma diferença quantitativa. O desenvolvimento dos transportes e os progressos dos meios de informação, obviamente, colocarão fim ao isolamento do indivíduo no campo, pelo menos nos países industrializados. O desenvolvimento das técnicas de produção poderá tornar a vida no campo muito mais confortável e, em diversos aspectos, muito mais atraente que a das cidades, o que também dará seguramente um impulso ao urbanismo. Mas mesmo assim continuará a existir por muito tempo uma certa diferença entre trabalho agrícola e trabalho urbano, assim como entre os dois modos de vida.

Isto não significa, entretanto, que também nas áreas rurais, talvez com uma perspectiva um pouco mais lenta, a educação permanente não fará sentir seus efeitos. Estamos, portanto, diante de uma diferença específica, mas o caminho que leva à formação do homem universal não está obstruído, pois a transformação dos interesses e das capacidades provocarão maior mobilidade entre as áreas urbanas e as rurais e vice-versa.

Antes de concluir estas observações, repito que nos sentimos pressionados pelo tempo como um jogador de xadrez que tem muitos movimentos a examinar antes do esgotamento do tempo disponível. Tudo o que discutimos até agora requer um imenso trabalho

O HOMEM À PROCURA DO SENTIDO DA VIDA 129

preparatório e uma profunda reflexão sobre o problema, que não foi sequer iniciada. O tempo de que dispomos, entretanto, é reduzido. Não podemos esquecer que as crianças nascidas nestes anos tornar-se-ão adultas quando a nova época estiver alcançando seu máximo desenvolvimento, com todas as suas correspondentes consequências. Isto significa que quando atingirem a idade produtiva muitos caminhos que levam às ocupações mais tradicionais já estarão bloqueados. O tempo urge, e devemos nos apressar se não desejarmos contribuir para o agravamento do mal-estar social. É certo que uma intensa atividade social normalmente se inicia apenas quando o mal já se manifestou claramente, causando inevitavelmente grandes danos. Estará a nossa sociedade à altura da situação e começará a tomar em tempo certas medidas preventivas?

9

O HOMEM À PROCURA DE UM ESTILO DE VIDA
(*Homo laborans – homo ludens*)

Como se pode concluir das reflexões anteriores, a segunda revolução industrial trará consigo transformações não só no âmbito social em geral, mas também na vida individual, isto é, no que frequentemente a literatura designa como condição humana. Ao se tratar destas questões, por exemplo do sentido da vida, podem surgir dúvidas sobre a capacidade de permanecermos fiéis ao princípio, adotado anteriormente, de escrever seguindo o espírito de uma "futurologia realista", vale dizer, sem nos aventurar a especulações próprias da ficção científica. Seria legítimo perguntar: é possível *saber* com segurança algo sobre estas questões, sem se limitar a expressar simplesmente preferências e desejos? Esta questão deve ser respondida, principalmente se quisermos seguir avançando nesta direção e nos ocupando de problemas que estão ainda mais profundamente ligados à psique humana e às suas eventuais mudanças como resultado da revolução informática.

A resposta a esta questão soa tranquilizadora: podemos nos referir de modo sóbrio e realista a estas questões baseando-nos em deduções, desde que partamos do conhecimento das tendências do desenvolvimento da tecnologia, da sociedade e da psicologia social. Obviamente, pode-se neste caso apenas formular hipóteses e prever soluções alternativas. Mas esse é precisamente o programa que adotamos: fixar os problemas – isto é o mais importante – e limitar nossos esforços à formulação de hipóteses alternativas. Com este método queremos analisar também duas outras questões que pertencem à matéria que nos interessa: a nova ética do trabalho e o novo estilo de vida do indivíduo.

A automação e a robotização provocarão transformações incomensuráveis no âmbito do trabalho humano tradicional, causando um desemprego estrutural de massa. Estas transformações consistirão não apenas numa nova forma social de trabalho, que será substituído em grande parte por outras ocupações (aspecto este já discutido), mas também numa modificação das atitudes em relação ao trabalho, na valorização do trabalho e do seu lugar no sistema de valores interiorizado pelo indivíduo. Em outras palavras: um novo *ethos* do trabalho. O problema é de grande importância para a justa compreensão das transformações que os indivíduos deverão experimentar nas novas condições sociais.

O protestantismo foi a expressão máxima da moderna ética do trabalho (no interior da civilização europeia e das suas ramificações). Estudos importantes sobre o tema foram realizados principalmente pelos sociólogos alemães (Max Weber), mas estes analisaram o problema sobretudo do ponto de vista da influência do protestantismo sobre o desenvolvimento do capitalismo. Aqui me interessa a relação oposta: como as exigências sociais de desenvolvimento do capitalismo se refletem na doutrina do protestantismo. Esta doutrina corresponde à imagem austera da ética do trabalho no período que nos interessa: assiduidade, parcimônia, vida simples e puritanismo. Trata-se de um conjunto determinado de recomendações que correspondia às necessidades do mundo burguês em expansão, dominado pelo esforço da acumulação de capital. A apresentação deste conjunto de normas com a roupagem de uma ética específica e ligada à religião emprestou-lhe uma efetividade particular, tornando-o capaz de condicionar a sociedade. Deste modo, constituiu-se uma específica ética do trabalho que, sob uma forma talvez menos rigorosa (sem o carisma da religião), foi dominante nos tempos modernos mesmo fora dos países protestantes.

A segunda revolução industrial trará consigo transformações substanciais neste campo. Na medida em que os membros da sociedade informática serão muito mais ricos, e ao mesmo tempo a eficácia crescente da produção automatizada tornará mais fácil a obtenção dos meios de subsistência, o rigor das normas protestantes, que nesta ou em outras formas sempre impregnou a ética do trabalho nos tempos modernos, será certamente atenuado. Estas velhas regras simplesmente

O HOMEM À PROCURA DE UM ESTILO DE VIDA

não serão mais necessárias do ponto de vista social, o que se refletirá num estilo de vida modificado. Mas sobre isto falaremos mais adiante. Obviamente estamos falando de sociedades tecnológica e industrialmente avançadas e, portanto, ricas. Como sabemos, estas deverão suportar o pesado ônus econômico derivado do desemprego estrutural, mas estarão em condições de resolver esta tarefa de modo relativamente fácil, se bem que não sem um certo conflito social, como já falamos anteriormente. Também terão que resolver um problema bem mais difícil: salvar os países do Terceiro Mundo da catástrofe que os ameaça. Mas este empenho – devemos precisá-lo para não sermos acusados de cinismo – não constituirá de fato um obstáculo ao seu desenvolvimento porque, a julgar pela experiência até hoje realizada, dificilmente podemos esperar que as sociedades avançadas venham a assumir grandes obrigações a este respeito.

É evidente que o homem não trabalhará ou que trabalhará menos do que nas condições atuais, mas ao mesmo tempo será mais rico e estará em condições de satisfazer suas necessidades com mais facilidade; adotará uma atitude diversa em relação ao trabalho, seja porque este não será mais vivido como um peso (pelo contrário, será um prazer), seja porque transformará o sentido de obrigação do trabalho modelado até agora pela ética protestante. Deve-se ter presente que o fator determinante não será apenas a redução da jornada de trabalho, mas também e sobretudo a transformação do próprio caráter do trabalho que nestas condições desempenhará o papel mais importante.

O núcleo da questão é que o tipo de trabalho ao qual o homem foi condenado pela maldição de Jeová, fisicamente fatigante ou intelectualmente estressante, desaparecerá. Este tipo de trabalho, seja manual ou intelectual, será assumido pelos autômatos e robôs, com o que o homem estará livre dele. Permanecerão apenas as ocupações *criativas* (ainda que conservem a forma de trabalho); uso este termo para compreender não apenas qualquer atividade artística ou científica, mas também todas as outras atividades humanas em que o intelecto desempenha um papel determinante. Portanto, a atividade criativa não se refere apenas ao que faz o cientista que escreve seus livros, ao artista que pinta um quadro, ao escultor que esculpe uma estátua, ao músico que compõe ou interpreta uma peça musical, ao ator ou ao bailarino que entram em cena etc., mas também ao planejador econômico, ao construtor de máquinas, ao professor de todos os níveis, aos assistentes sociais etc. Pode-se compreender facilmente que aquilo que permanecerá do trabalho atual e tomará a forma das ocupações futuras assumirá a característica da criatividade. Isto não é uma utopia nem uma idealização do futuro, mas apenas uma consequência lógica – no contexto da ética do trabalho – daquilo que já podemos saber hoje com segurança em relação aos aspectos tecnológicos e econômicos fundamentais do futuro. Mesmo que soe hoje como uma frase banal, as ocupações (o trabalho) da sociedade do futuro serão para o homem uma fonte de alegria e satisfação, já que o caráter do trabalho se transformará e o trabalho como tal tornar-se-á uma mercadoria muito rara, portanto muito procurada.

É bastante compreensível que estes elementos da nova ética do trabalho imprimirão a sua marca sobre o estilo de vida dos indivíduos na sociedade informática.

Por "estilo de vida" entendemos o modo pelo qual o homem emprega o seu tempo entre o trabalho e o tempo livre; portanto, a proporção que cabe a cada uma das partes. Pode-se dizer com grande probabilidade que, em razão da redução da jornada de trabalho obrigatória, pelos motivos já aludidos, e da maior riqueza da sociedade, o estilo de vida dos indivíduos se transformará radicalmente. Isto ocorrerá, antes de tudo, em consequência do prolongamento do tempo livre e, em segundo lugar, pelo fato de que todas as pessoas terão à disposição suficientes meios materiais (que reduzirão as diferenças entre os extremos da população) para estruturar interiormente este tempo livre de forma mais rica.

A proporção sempre maior de tempo livre à disposição, seja no curso de um dia ou de um ano (com períodos mais prolongados de férias), constituirá certamente o fator determinante na transformação do estilo de vida. Pressupondo que as pessoas terão à disposição meios materiais bem mais abundantes do que hoje, incluindo os mais aperfeiçoados meios de transporte privados e públicos, podemos concluir que elas utilizarão o tempo livre com mais fantasia e vitalidade do que é hoje possível. O problema consiste, pois, em ensinar as pessoas a utilizar seu tempo livre com razão e fantasia. Hoje os ricos podem fazê-lo – provavelmente nem sempre. Caminhamos na direção de um *boom* do padrão de vida social, e as massas talvez

O HOMEM À PROCURA DE UM ESTILO DE VIDA 135

não estejam preparadas para desfrutar adequadamente o seu tempo livre. A experiência nos ensina que, numa situação do gênero, o maior perigo consiste na possibilidade de degeneração do tempo livre em *tédio*, que muitas vezes passa a ser combatido com meios primitivos. As consequências (especialmente entre os jovens) são: o alcoolismo, as drogas, bandidagem e, algumas vezes, crimes de vários gêneros, aí incluída a violência sexual.

Este o motivo pelo qual se deve ensinar as pessoas (especialmente os jovens devem ser estimulados pelo exemplo e incentivados à competição) a usar o próprio tempo livre em atividades esportivas, no turismo e nos diferentes *hobbys*. O ensino do método de valorização do tempo livre deve propagar-se de forma nunca coercitiva, mas através da propaganda, no melhor sentido do termo. Isto vale particularmente para o turismo, para as viagens ao Exterior, que constituem um elemento importantíssimo de desenvolvimento cultural. Os contatos com outros modelos culturais poderão contribuir de modo determinante para a formação do homem universal, do qual já falamos anteriormente.

Iniciamos nossa discussão sobre o estilo de vida na sociedade informática analisando as prováveis transformações no uso do tempo livre, mas isto não significa – especialmente se levarmos em conta o desemprego estrutural – que a sociedade informática será uma espécie de país das maravilhas onde as pessoas, liberadas do peso do trabalho, não teriam outra preocupação senão a de inventar um meio de passar o tempo. Isto significa concretamente uma "poluição" do tempo livre que – como já dissemos – destruiria o indivíduo, na medida em que o privaria do sentido da vida. Não será certamente assim. As pessoas contarão ainda com o trabalho ou com uma forma substitutiva qualquer, mesmo que o tempo a ele dedicado venha a ser cada vez menor. Não devemos esquecer que será em princípio uma ocupação ou um trabalho criativo, portanto uma fonte de alegria e prazer. Mais ainda: já que o limite entre trabalho e tempo livre será sempre mais lábil, não será raro as pessoas dedicarem o próprio tempo livre ao prolongamento de uma atividade (criativa). Esta previsão pode ser feita com uma certa segurança à luz dos nossos conhecimentos de psicologia.

O advento da sociedade informática, portanto, nos anuncia não apenas um novo estilo de vida, mas também uma vida mais satisfatória do ponto de vista da autorrealização dos indivíduos; considerando o melhoramento das condições materiais de existência, também uma vida mais feliz. Obviamente que estamos falando aqui de uma *possibilidade*: ninguém pode garantir a felicidade dos outros. Nesta situação o homem será o forjador da própria felicidade, tornar-se-á *homo autocreator*. Já que conhecemos como são os seres humanos, estamos seguros de que, mesmo em melhores condições de existência, certas pessoas encontrarão ainda assim motivos para se sentirem insatisfeitas e infelizes. Não se pode garantir que todos tenham boa saúde, sucesso no amor ou encontrem satisfação para as próprias ambições. Haverá seguramente também homens infelizes. O importante, porém, é que se proporcione a todos a possibilidade de uma vida mais feliz em massa. Isto é o que a sociedade informática poderá oferecer com segurança ao indivíduo. E estes são os pressupostos de uma perspectiva otimista no que se refere a um diferente estilo de vida.

Estas novas condições trarão consigo também algumas transformações específicas que deveriam ser discutidas à parte. Entre as diferentes e possíveis questões, escolhi duas que, a meu ver, são particularmente importantes: a situação social da mulher e a da juventude.

O estilo de vida do homem não pode ser reduzido naturalmente à ética do trabalho ou à quantidade e qualidade do tempo livre. Está vinculado à forma de organização social em que cada um vive a própria vida cotidiana, isto é, à família. Pode parecer banal dizer que a família constitui a organização básica da vida social, mas por trás desta afirmação aparentemente banal está um elemento importante do que chamamos de qualidade da vida e que possui vários significados. Quando falamos hoje das consequências sociais da segunda revolução industrial, frequentemente deixamos de lado sua influência sobre a família porque o que nos interessa principalmente são os problemas macrossociais. Mas a família, ainda que aparentemente não tenha nada a ver com eles, tem certamente seus aspectos "macro", na medida em que concerne a todos os indivíduos da sociedade. E deve-se acrescentar que a família experimentará consideráveis mudanças em consequência da atual revolução industrial.

Comecemos pela situação da mulher. As mulheres constituem normalmente a maioria da sociedade e a forma concreta da família, que frequentemente é patriarcal, depende da posição delas. Esta situação está em contínua e acelerada transformação, e o processo

O HOMEM À PROCURA DE UM ESTILO DE VIDA 137

se intensifica como resultado da atual revolução industrial. Por que ocorre este fenômeno?

Se analisarmos o sentido dos movimentos feministas contemporâneos (não levando em conta alguns de seus grupos extremistas e bizarros), notaremos claramente a sua conexão com a crescente independência financeira das mulheres. Na medida em que possuem um trabalho remunerado (ou ao menos podem tê-lo), as mulheres alcançam na família progressivamente o mesmo nível social dos homens. Aqui está o núcleo da questão: esta tendência intensificará as implicações sociais da atual revolução industrial. A mulher terá – não na teoria, mas de fato – as mesmas oportunidades de aprender e de ser mantida pela sociedade que o homem. Isto vale particularmente para os jovens, que não hesitarão em aproveitar esta possibilidade. Com isto a mulher demonstrará ser *de fato* inteiramente igual ao homem, sem muitas palavras, propagandas e movimentos feministas.

Ela tirará proveito desta possibilidade, mas o velho modelo da família acabará inevitavelmente por se arruinar. Em todo caso, a antiga dependência da mulher em relação ao chefe de família deixará de existir, e a mulher se tornará inteiramente igual ao homem. Precisamente em relação a este propósito cabe chamar a atenção sobre alguns novos tipos de família, tal como a moderna "família ampliada" que já mencionamos antes. Além disso, podemos lembrar a liberdade sexual da mulher, devido ao aperfeiçoamento dos métodos anticonceptivos, à autonomia econômica e a uma vida doméstica mais fácil, tornada possível pela automação dos trabalhos domésticos. Este fenômeno poderá consistir na maior revolução na vida individual e incidirá também na vida social. Consequentemente, é possível que acabe por modificar muito profundamente o estilo de vida.

Existirão naturalmente diversas forças que procurarão travar este desenvolvimento: a tradição e a Igreja, particularmente a Igreja católica. Mas nada poderá deter o processo. A ruptura dos vários tabus e princípios sacros, provocada pela pressão de tais fatos, poderá dar origem a uma profunda crise na Igreja – não tanto como expressão da fé religiosa, mas como instituição –, se esta persistir aferrada aos seus dogmas. Pode acontecer que a Igreja se arruíne não tanto pela falta de fé dos ateus, mas em consequência da nova *conditio humana* da mulher. Quero destacar ainda o fato de que estamos formulando meras hipóteses, mas estas estão fortemente baseadas nos pressupostos do raciocínio lógico. Em todo caso, qualquer jovem poderá confirmar na sua própria vivência estas considerações.

A transformação da situação social dos jovens, devido às mesmas causas já comentadas, será o segundo elemento do mesmo processo. Os problemas da "revolta da juventude" continuarão a ser evidentes por muitos anos, especialmente nos países ricos. O mais interessante destes movimentos foi o dos *hippies*, nos Estados Unidos: em sua maior parte eram jovens provenientes de famílias bem estabelecidas que renunciavam ao bem-estar econômico para adotar uma vida ascética, combinada frequentemente com a decisão de pertencer a uma seita religiosa exótica que pregava a meditação. Cheguei a conhecer uma destas comunidades de jovens no sul da Califórnia; suas palavras de ordem eram amor e fraternidade. Tratava-se de um movimento inteiramente pacifista, bem diferente em tudo dos jovens "enraivecidos" da Europa e do Japão, os quais proclamavam e proclamam até hoje o recurso à força e à violência como expressão do protesto contra a sociedade existente. É lamentável que, apesar das numerosas publicações dedicadas a estes movimentos, nunca se tenha efetivado uma análise sociológica e psicológica aprofundada sobre este tema. E é especialmente lamentável se lembrarmos que estes movimentos podem ser considerados como os precursores do que poderá florescer num futuro não distante.

Já havíamos dito que, se deixarmos crescer no futuro próximo a onda do desemprego estrutural sem tomar nenhuma medida preventiva, poderemos nos encontrar diante de formas de patologia social sem precedentes, sobretudo entre os jovens. Ainda que venham a ser satisfeitas suas necessidades materiais, os jovens responderão com a revolta, que se manifestará não certamente de modo pacífico como a dos *hippies*, mas de modo destrutivo, violento, como a dos bandos de *rockers* dos anos 60, ou na forma do terror organizado baseado na ideologia da extrema esquerda ou na do neofascismo, como se desenvolveu recentemente na Alemanha Federal e na Itália. Trata-se obviamente de uma possibilidade extrema, à qual podemos acrescentar a toxicomania e o alcoolismo, que são também já conhecidos na prática.

Coisa ainda mais interessante é que, mesmo se a sociedade tomasse todas as medidas preventivas oportunas (hipótese que parece

O HOMEM À PROCURA DE UM ESTILO DE VIDA 139

extremamente otimista, tendo em vista a notória falta de entusiasmo que se observa hoje a este respeito), continuarão a existir enormes problemas que, minando a base de nossa tradição, contribuirão de modo determinante para transformar o estilo de vida hoje dominante. Analogamente à situação das mulheres, a dos jovens foi também forjada sob o modelo tradicional da família patriarcal, sobretudo no que diz respeito à dependência econômica dos filhos em relação aos pais. Obviamente, isto se revestia com as normas de comportamento sancionadas pela tradição e reforçadas pela religião, pela influência ideológica da educação familiar e escolar etc. Mas foi a dependência material que constituiu a garantia de obediência dos jovens (especialmente das moças), que cerravam os dentes numa rebelião interior mas tinham que obedecer para sobreviver, à espera da conquista da independência econômica ou de uma herança. Tudo isto pode parecer cínico, mas estas motivações sempre desempenharam um papel decisivo, mesmo que frequentemente sejam suprimidas da consciência do indivíduo.

Agora nos encontramos diante de uma situação inteiramente nova: os jovens podem ser livres desta dependência e viver segundo um modelo de vida escolhido entre as várias formas de vida em comum por eles aceitas. Isto não significa que desaparecerá a pressão das normas de comportamento socialmente aceitas, mas que estas normas se transformarão radicalmente. Como esta transformação será realizada não só entre os jovens mas também entre seus pais e entre as gerações precedentes, verificar-se-á uma mudança radical e pacífica que desembocará em um novo sistema de relações, contribuindo assim para transformações profundas do estilo de vida individual no conjunto da sociedade.

Observamos assim a vasta gama de transformações que, com toda probabilidade, contribuirão para formar novos estilos de vida: uma nova ética do trabalho, uma nova qualidade de vida decorrente do prolongamento e do uso diverso do tempo livre, uma transformação das relações humanas no interior da família (de que é expressão, entre outras, a nova posição social das mulheres e dos jovens). Vista globalmente, esta é uma transformação radical, revolucionária, do estilo de vida.

Para concluir, para pontualizar melhor, quero dizer que é provável que todas estas transformações do estilo de vida venham a produzir o homem lúdico, ou o *homo ludens*. O *homo universalis* e o *homo ludens* constituirão as duas faces do homem na época iniciada com a atual revolução industrial.

O *homo ludens* é bastante conhecido na literatura antropológica. A inclinação ao jogo e à diversão pode ser facilmente percebida na vida humana, da infância à velhice e das sociedades primitivas às mais avançadas. Mas as formas desta atividade mudam – especialmente nas sociedades primitivas – e assumem com frequência a forma de ritos religiosos, que está inseparavelmente ligada à existência humana, à *conditio humana*. É uma *necessidade* importante para a vida normal do ser humano, como intervalo durante o trabalho, como manifestação da vida religiosa (sob a forma de canções, bailes, exibições alegóricas etc.) e como forma de vida cultural superior (música, dança, teatro etc.). Esta atividade pode ser interpretada de diversos modos: como manifestações de certas emoções, como exteriorização de funções vitais determinadas, como imitação e complemento de ocupações importantes. De qualquer modo, o lúdico acompanha o homem durante a sua existência. É uma manifestação da plenitude de sua vida, da sua alegria e da sua dor, às quais ele dá expressão tanto espontaneamente quanto – nos mais elevados níveis de desenvolvimento cultural – de modo estilizado: com canções e músicas, com a dança, com representações teatrais etc.

Foi sempre assim e continuará a ser assim, mesmo que de modos diferentes. Eis por que o argumento merece uma atenção particular. Uma vez liberado da fadiga do trabalho, tendo à sua disposição uma quantidade de tempo livre sem precedentes e tendo alcançado níveis de cultura também sem precedentes, o homem necessitará do elemento lúdico – frequentemente de forma nova e sublimada – como elemento vital. Pode-se dizer que foi sempre assim. É verdade. Mas amanhã esta necessidade experimentará uma transformação não apenas quantitativa mas também qualitativa. É um *pendant* da transformação na *qualidade* da vida humana. A nova época forja o homem, seja como *homo universalis*, seja como *homo ludens*. Esta unidade manifesta a nova *conditio humana* que a nova época traz consigo.

10
O HOMEM À PROCURA DE UM SISTEMA DE VALORES

Se tomarmos a perspectiva do indivíduo humano como ponto de partida de nossas reflexões subsequentes e formularmos a pergunta acerca da questão básica de suas relações com os outros e com a sociedade em seu conjunto, deveremos responder então que estas relações encontram sua expressão no sistema de valores interiorizado pelo indivíduo.

Ao afirmarmos isto, deparamos imediatamente com numerosas questões filosóficas relacionadas à esfera da axiologia: o que é valor? Qual é sua gênese? Os valores são de caráter absoluto ou relativo? Trata-se de questões importantes se quisermos compreender o significado de qualquer afirmação sobre um sistema de valores interiorizado pelo indivíduo. Entretanto, não nos ocuparemos aqui destas questões. E agimos assim apenas porque não se pode respondê-las univocamente. A resposta depende sempre do sistema filosófico em que se apoia sua formulação e muda quando passamos de um sistema a outro. Consequentemente, deixaremos estes problemas fora da esfera dos nossos interesses e nos limitaremos à afirmação do fato, verificável empiricamente, de que o sistema de valores aceito pelo indivíduo exerce uma influência dominante sobre suas relações sociais.

Em primeiro lugar, isto se refere à sua integração e à sua alienação social: se o indivíduo reconhece os valores aceitos pela opinião pública, então seus laços sociais são permanentes e o indivíduo está socialmente adaptado; caso contrário, torna-se alienado em relação à sociedade.

Os valores aceitos pelo indivíduo determinam – ou pelo menos codeterminam – as finalidades estabelecidas em sua atividade vital, formando assim aquilo que denominamos de sentido da vida.

Além disso, a aceitação de determinados objetivos vitais molda o que denominamos de caráter social do homem. Também neste caso a sociedade influi na formação deste caráter pela mediação do sistema de valores que transmite ao indivíduo. Este papel especial que o sistema de valores aceito pelo indivíduo tem na sua vida e a relação entre tal sistema e a escolha dos pontos principais da atividade humana explicam a sua compreensível tendência ao conservadorismo. O conservadorismo é um método de defesa utilizado pelo indivíduo para proteger sua personalidade. Mas não é mais do que um aspecto do problema: os laços sociais garantidos pelo sistema de valores aceito pelo indivíduo constituem não só a causa do conservadorismo na vida individual, mas também sua variabilidade no âmbito do desenvolvimento histórico da espécie, portanto, também no âmbito dos indivíduos que pertencem a ela. Não há nenhuma contradição entre estas duas afirmações, porque cada uma delas tem uma referência diversa: em um caso nos referimos ao indivíduo *in concreto* e no outro a indivíduos em uma outra etapa do desenvolvimento da espécie humana. Isto não significa que nos períodos de *"Sturm und Drang"* (tempestade e ímpeto), quando o sistema social de valores rui e se transforma, a posição dos indivíduos concretos que vivem neste período permaneça em todo caso invariável. Produz-se uma mudança, mas o processo encontra resistência. As mudanças que se verificam nas gerações posteriores são, todavia, mais importantes.

Este é justamente o problema que aqui nos interessa. Mesmo nos recusando a tecer comentários filosóficos sobre os problemas da axiologia, queremos verificar o fato empírico de que os valores se transformam no tempo e no espaço, de acordo com a totalidade das relações sociais em um dado período ou em uma determinada sociedade. O que acontecerá? Qual será a influência da segunda revolução industrial neste sentido?

Antes de responder a esta pergunta, voltemos a indagar – já havíamos feito isto antes em termos gerais – se uma tal resposta é possível, se tais coisas podem ser previstas com certo grau de probabilidade. A resposta é afirmativa quando se trata de uma tendência de desenvolvimento nesta esfera, vinculada às transformações econômicas e sociopolíticas que se estão produzindo simultaneamente. Como havíamos dito em ocasiões anteriores, referimo-nos a hipóteses

O HOMEM À PROCURA DE UM SISTEMA DE VALORES   143

de um tipo especial. E na verdade são possibilidades cuja realização depende sempre da atividade dos homens. Isto mostra a importância da configuração da consciência humana para o esclarecimento de certas necessidades existentes e das possibilidades de sua satisfação. Quais mudanças poderiam ser previstas na esfera que nos interessa?

Antes de tudo, tendo em vista o incremento da riqueza social nos países altamente industrializados, é provável que as pessoas se afastem dos modelos da sociedade de consumo. O impulso ao consumo e a possibilidade de estimular as posturas correspondentes caracterizam, neste sentido, os homens que têm fome de mercadorias. Esta é a única situação em que o sentido de competição e ostentação da própria riqueza é estimulado, provocando um exibicionismo exasperado dos próprios níveis de consumo. Quando todavia se ultrapassa um certo limite, produz-se uma sensação de saturação e a tendência se inverte: as pessoas começam a considerar com indiferença a riqueza ostentada e a apreciar esnobemente a exibição exacerbada de recusa a ela. Psicologicamente isto é compreensível: este luxo só é permitido às pessoas "satisfeitas", que possuem tudo. Gostaria de citar alguns exemplos que – vistos superficialmente – podem ser tomados como manifestações de extravagância, mas que, observados a fundo, são exemplares. Comecemos com o citado movimento dos *hippies*. Em sua maioria era formado por jovens de famílias bem estabelecidas, e até ricas, que rechaçavam o modelo da sociedade de consumo e adotavam às vezes até mesmo modelos de vida declaradamente ascéticos. O mesmo vale para a extravagância, que é algo mais profundo do que parece, dos mais renomados aristocratas britânicos, que se vestem de qualquer maneira em todas as ocasiões possíveis e produzem assim, como os *hippies*, atitudes de uma "contra-cultura" específica.

Como curiosidade gostaria de contar algo que me ocorreu na Inglaterra. Encontrava-me em Oxford, onde fora convidado para uma conferência. Após o jantar em um dos antigos colégios, dois professores convidaram-me para um café no clube da faculdade. Durante a conversa que se seguiu, um deles me falou do desgosto que experimentara numa viagem a um país em que as pessoas consideravam necessário trocar de carro anualmente. Meus anfitriões me informaram que um deles possuía um carro do ano de 1936 – naturalmente um Rolls-Royce

– enquanto outro tinha um Bentley não menos "antigo". E agora vem o principal. Um deles acrescentou: mas entre nós também há pessoas que querem prestígio social e que precisam ter anualmente um carro novo. Mas nós – apontando para seus colegas – possuímos carros que têm mais de quarenta anos. Com isto, não há dúvida alguma sobre quem deve ser tratado como *Sir*. Esta é uma história autêntica cujo significado é muito mais profundo do que uma simples extravagância. E seu significado – em nosso contexto – é válido também para o futuro.

Pode-se prever, com boa probabilidade de acerto, que a riqueza material perderá seu caráter de valor que determina – como acontece hoje – o objetivo da atividade humana em massa. Quando se tem tudo de que se necessita para levar uma vida humana de alto nível, a acumulação de riqueza e a conversão desta em objetivo principal da vida tornam-se desnecessárias e até mesmo ridículas. Isto significa que a alternativa da posição humana que se expressa na formulação "ter" ou "ser", levantada por humanistas como Maritain e Fromm, será favorável ao "ser". "Ter" perderá seu sentido de objetivo vital na medida em que se tornará cotidianamente realizável, obviamente que em sentido razoável. Uma situação como esta significa uma mudança fundamental no sistema de valores, o que seria compreensível no caso de homens tipo *homo universalis* e *homo ludens*.

Esta mudança pode produzir modificações de longo alcance na esfera moral e sociopolítica da vida humana. Na esfera moral, preparará naturalmente o caminho para posições altruístas e filantrópicas. O egoísmo estreito, tão comum hoje em dia, está ligado principalmente ao medo da penúria, ainda que este medo seja apenas imaginário na maioria dos casos. Na esfera sociopolítica a mudança destes valores poderá preparar o caminho para seus valores derivados: o igualitarismo (incluindo a igualdade de direitos para a mulher) e o engajamento social do indivíduo. É fácil demonstrar os laços orgânicos (e também genéticos) entre estes valores e as posturas a eles relacionadas. De fato, nos encontramos diante de uma transformação positiva do sistema de valores do homem, se adotamos como sistema de referências o humanismo em sua interpretação mais ampla. Esta é uma perspectiva extremamente atrativa, mas devemos levar em conta que se trata apenas de uma possibilidade. A realização deste objetivo é agora mais provável do que antes, já que a revolução industrial é uma poderosa

O HOMEM À PROCURA DE UM SISTEMA DE VALORES

força motriz nesta direção. Mas em última instância o resultado será decidido conscientemente pelos homens.

O primado do "ser" enquanto valor (no sentido de que tal valor abarca o que e como o homem é) terá mais consequências sobre a escala social dos valores, sobre a qual queremos dizer algo. Esta mutação (porque será uma autêntica mudança qualitativa) "enobrecerá" o trabalho criativo e, consequentemente, também quem o faz. Há países nos quais, devido às suas tradições e vicissitudes históricas, a *intelligentsia* em geral e os intelectuais em particular (no sentido de inteligência criativa) gozam de um *status* social muito privilegiado. Mas há outros países nos quais os *eggheads* são até menosprezados. Esta situação será decididamente melhorada em todos os países altamente industrializados. Se "ser" em lugar de "ter" se converter em valor principal, então o *status* social do indivíduo será determinado antes de tudo pelas funções sociais criativas: quanto mais importante a função, mais elevado será o *status* social de quem a desempenha. Isto vale dizer que afetará não só os cientistas e artistas (no sentido amplo do termo), mas também as pessoas que se dedicam à política, à organização da vida social etc., cuja atividade também possui um caráter intelectualmente criativo. Isto será um resultado da mudança na base do sistema de valores, mas por seu lado estas mudanças na posição vital das pessoas e em seu *status* social universalmente reconhecido reforçarão a base do novo sistema de valores. Aqueles que se aproveitarem desta mudança da condição social – provavelmente muitos – serão certamente fervorosos defensores do novo sistema de valores que possibilitará esta operação.

A liberdade como valor funciona ainda hoje na ordenação dos valores socialmente aceitos e desempenha um papel considerável na experiência dos indivíduos. A amplitude com a qual se interpreta a liberdade e seu conteúdo depende das necessidades humanas configuradas historicamente. Uma liberdade cuja necessidade não é mais sentida pelo indivíduo deixa de ser um valor real. O progresso social consiste, entre outras coisas, no aparecimento de novas necessidades, que se fazem acompanhar, na experiência humana, do nascimento de novos valores. Este processo ocorrerá na base das mudanças que a atual revolução industrial produzirá na vida social. Isto tem a ver com o problema da liberdade como valor na medida em que o significado deste valor se fortalecerá na sensibilidade humana. Nesta direção funcionarão tanto a maior independência material quanto a necessidade objetiva de liberdade de pensamento como condição para o desenvolvimento da ciência.

Se considerarmos a importância da ciência como meio de produção, podemos entender o esforço social conscientemente orientado para garantir as melhores condições para o seu desenvolvimento. Mas a liberdade – como já havíamos verificado em um outro contexto – não pode se limitar à esfera da ciência, e muito menos a uma parte desta que está diretamente relacionada com a produção de instrumentos necessários para a vida humana. A liberdade tende a propagar-se e a converter-se também em uma necessidade nas outras esferas da vida humana. Na nova configuração do sistema de valores a que nos referimos aqui, a liberdade não é um novo valor (neste sentido tampouco o são os demais valores de que falamos há pouco), mas apenas um valor cuja influência se fortalecerá. Isto é importante porque, ao mesmo tempo, atuarão forças (e os valores que as representam) não só distintas mas diretamente contrárias.

Antes de tudo, cabe fixar o impulso pelas formas coletivas de vida humana. Tomado em si mesmo, é um impulso natural e bem compreensível, tendo como base a tendência do indivíduo ao isolamento e sua alienação resultante das novas formas da atividade humana na sociedade informática. É compreensível que a reação natural a estas situações de alienação se apresente sob diferentes formas de organização de massas e da vida comunitária, como podemos observar hoje especialmente entre os jovens. O tema já foi examinado anteriormente. É compreensível que quando estes jovens de hoje se tornarem adultos e quando as manifestações de alienação se intensificarem em consequência da propagação de novas técnicas de produção e comunicação, aumentará este impulso pelas formas coletivas de vida e vivência. Repetimos mais uma vez: em tudo isso não haveria nada de negativo se não se pudesse prever o desenvolvimento simultâneo de forças e movimentos políticos que poderiam utilizar esta tendência às formas coletivas para lutar contra a democracia. Assim como já constatamos em relação às mudanças na formação política da sociedade, temos que esperar com muita probabilidade uma agudização da resistência das classes proprietárias (mesmo que venham a estar em vias de

O HOMEM À PROCURA DE UM SISTEMA DE VALORES   **147**

desaparecimento) aos novos desenvolvimentos e às transformações sucessivas. Nesse cenário é compreensível que se produza um conflito entre as tendências democráticas e as tendências totalitárias. Não há dúvida de que estas tendências totalitárias serão utilizadas pelas classes proprietárias debilitadas em sua luta contra as mudanças sucessivas na estrutura social. Neste contexto, a mencionada tendência coletivista pode se tornar perigosa como base psicológica para tendências totalitárias e seus correspondentes valores antidemocráticos.

É necessário dar atenção a isto se quisermos nos opor a este perigo. Não no sentido de tratar a tendência de antialienação como um fenômeno meramente negativo, mas no sentido de impedir que as tendências positivas de desenvolvimento sejam mal utilizadas pelas forças totalitárias. Isto adquirirá a forma externa de um choque entre diferentes valores e também entre seus sistemas. O mais importante é compreender que tudo o que venha a ocorrer nesta esfera no futuro próximo terá a característica de um conflito. A atividade humana que resolverá este embate em uma ou outra direção dependerá da compreensão desta verdade e da essência do conflito. Isto exige o claro entendimento do fato de que o conflito abarcará também sistemas de valores e que sua solução depende de atos humanos conscientes, o que, naturalmente, pressupõe preferências por uma das partes em conflito. Pode-se concluir, portanto, que nem sequer a esfera dos valores é "pura" no sentido de que não está livre de implicações sociais e das lutas a elas relacionadas.

Em relação ao problema dos valores, temos que abordar uma questão que, no meu entender, é extremamente importante: a da fé religiosa como valor na futura sociedade informática. Em minha opinião este valor crescerá em significação. Trata-se de uma afirmação surpreendente vinda de um marxista convicto; por isso requer uma fundamentação especial.

As superstições são de vários tipos: as que estão ligadas a crença em forças sobrenaturais, mas também as que nascem como dedução de posições tomadas arbitrariamente. Entre estas últimas se encontra a "superstição" do racionalismo que afirma que a propagação do conhecimento científico conduzirá automaticamente ao desaparecimento da fé religiosa. A experiência simplesmente demonstra que isto não é verdade. A fonte do erro é inerente à convicção de que o conhecimento científico abarca toda a esfera dos interesses e dos problemas humanos.

É evidente que isto não é certo, pois a ciência e o conhecimento por ela transmitido jamais são absolutos e têm sempre limites além dos quais começa o reino da ignorância. A ignorância pode ser transitória, já que o progresso do conhecimento humano ultrapassa sempre estes limites. A verdade científica tem o caráter de um processo infinito que lembra a forma de uma assíntota que *sempre* deixa um certo "resíduo" que escapa ao rigor do pensamento científico.

Não é difícil responder à questão de por que isto ocorre assim e, ao mesmo tempo, decepcionar os partidários da "verdade absoluta". Mas não é aqui o lugar para este tipo de afirmação. Bastará constatar o fato empírico de que um conhecimento "perfeito", "absoluto", nunca nos é dado – excetuando algumas tautologias, que incluem os axiomas matemáticos –, não é possível em um só ato, mas só pode ser representado no infinito processo de desenvolvimento do conhecimento humano. Isto significa que em cada etapa do desenvolvimento sempre existirão "lacunas" que poderão ser preenchidas apenas por meio de perguntas e não de respostas concretas.

Não nos referimos aqui aos problemas que são formulados de tal maneira que nenhuma resposta *científica*, verificável ou falsificável, possa ser dada a eles. Os neopositivistas quiseram eliminar estes problemas do âmbito da ciência, na medida em que "proibiam" sua investigação, taxando-os de pseudoproblemas. Desta forma eliminaram praticamente toda a filosofia como território "proibido" (chamado de "metafísica"). Este modo de tratar o problema tem pouco valor, porque as questões permanecem e não há "proibição" que possa impedir o homem de decidir se existe um ser sobrenatural, se há vida após a morte, em que consistem o bem e o mal etc. Do ponto de vista da ciência, trata-se certamente de pseudoproblemas aos quais não se pode dar nenhuma resposta estritamente científica. Mas como se pode estar seguro de que a ciência abarca todos os problemas ligados à vida humana? Seguramente não é possível, desde que já havíamos afirmado que ela não pode proporcionar ao homem uma verdade absoluta e completa em nenhuma fase de seu desenvolvimento.

Esta "lacuna" abre espaço a reflexões como as de Teilhard de Chardin: se o conhecimento é um processo infinito, então podemos pressupor, como algo razoável, a existência de um ponto ômega. É um

O HOMEM À PROCURA DE UM SISTEMA DE VALORES 149

típico pseudoproblema dos positivistas lógicos. Mas se alguém deseja ter fé, por que deverá se preocupar com isso? O problema está em saber se existirá no novo período pessoas que sentirão necessidade da fé. A resposta é simples: seu número será maior que o de hoje. Esta convicção se funda em nossa experiência, que demonstra, apoiando-se em investigações empíricas neste campo, que em uma população de cientistas a maior parte dos crentes se encontra entre os representantes das ciências naturais e exatas (especialmente nestas últimas). Isto também desmente mais uma vez a "superstição" racionalista segundo a qual o conhecimento profundo da natureza afasta as pessoas da religião. A verdade é o oposto, pois este saber mostra as inúmeras "lacunas" existentes no conhecimento humano e precisamente o interesse pelos problemas do infinito faz com que muitos representantes deste âmbito de investigação se aproximem do misticismo. O certo é que quanto mais sabemos sobre a realidade, mais claro será o horizonte de nossa ignorância. Em todo caso, é possível antever com grande probabilidade de acerto que existirão cada vez mais pessoas inclinadas a preencher, com a fé religiosa, as lacunas do seu conhecimento em ciências positivas. Naturalmente, esta será uma fé muito elitista e sublimada, privada de todas as superstições e representações simbólicas destinadas aos "pobres de espírito"; será, portanto, uma fé muito mais profunda.

Esta tendência será reforçada não apenas pelas "lacunas" do saber positivo, e não apenas pela "fuga" humana, psicologicamente compreensível, por parte dos que sofrem tensões e buscam consolo na religião, mas também pelo impulso psicológico por uma compensação dos fatores alienantes da nova *conditio humana* da sociedade informática. Tais fatores – sabemos que serão muitos e poderosos – poderão suscitar um impulso pela "vida comunitária". A este respeito, nada é mais apropriado do que ideais apoiados na fé religiosa. Isto pode ser observado atualmente na atração que as seitas religiosas exercem sobre os jovens (ao que já nos referimos anteriormente), sobretudo aquelas seitas que se baseiam na meditação. Isto não poderá se converter amanhã em um fenômeno mais amplo que afetará também o mundo dos adultos? Isso já acontece nos Estados Unidos, onde ser não crente é quase indecoroso, como se um convidado nu aparecesse em uma festa de pessoas bem trajadas. Tudo isto pode, aliás, colocar em perigo as igrejas tradicionais com sua liturgia, que não proporcionam as possibilidades para semelhante comunidade. As organizações religiosas que promovem a unidade dos fiéis baseando-se no sentimento de uma vivência comunitária, nas emoções ou na meditação em comum terão provavelmente mais êxito.

Estamos nos aproximando do final de nossas reflexões sobre o mundo dos valores humanos nas novas condições da sociedade informática. Uma coisa está fora de dúvida: será um mundo radicalmente transformado. Será uma mudança para melhor, se tomarmos como sistema de referência os valores humanistas? Provavelmente sim, desde que a sociedade trabalhe nesta direção. Não devemos esquecer que os emergentes *homo universalis* e *homo ludens* podem se apresentar com uniforme de alguma tendência totalitária. A sociedade informática não garante automaticamente o paraíso. E precisamente sobre este problema gostaríamos de fazer uma breve reflexão que resuma as análises anteriores.

Epílogo:
Qual utopia se realizará?

Partimos do pressuposto de que evitaríamos as tentadoras armadilhas da ficção científica. O importante é que dispomos de fatos "concretos" em número suficiente para poder antever o desenvolvimento social nas próximas décadas sem ser necessário recorrer ao fantástico. Evidentemente que estas antecipações – como temos repetido em várias ocasiões – só podem ser formuladas como hipóteses, como possíveis soluções alternativas para os problemas que a humanidade tem diante de si. Pois o desenvolvimento não será linear. Ao contrário, fará emergir conflitos cuja solução dependerá sempre da decisão e da atividade do homem. E a direção que esta atividade tomará não pode ser estabelecida de forma unívoca, ainda que seja pelo grande número de variáveis que nela intervêm. A questão é de natureza diversa quando se trata dos próprios problemas e dos fatos que estão na sua base – sobre isto pode-se discutir em termos unívocos.

Podemos dizer também univocamente que, nos países industrializados, a segunda revolução industrial conduzirá a uma sociedade em que haverá um bem-estar sem precedentes para o conjunto da população (incluindo as pessoas afetadas pelo desemprego estrutural) como também alcançará um nível sem precedentes do conhecimento humano do mundo. Também é certo que, devido à informática e às suas inúmeras aplicações, o mundo se converterá em um conjunto único e estreitamente inter-relacionado no qual todos os grandes problemas assumirão um caráter *global*. É suficiente exigir um caráter concreto destas afirmações gerais (o que é possível sem ser necessário recorrer ao fantástico) para se deparar com um mundo tão parecido com o da fábula no qual os limites entre as sóbrias análises científicas e a ficção científica se confundem. Ainda que nos limitemos a projetar sobre a tela apenas o que sabemos com precisão científica sobre o desenvolvimento da técnica nas próximas décadas, e apenas o que está sendo hoje projetado nas diferentes grandes instituições, apresentar-se-á diante de nossos olhos um mundo que se parece com o da ficção científica. A isto devemos acrescentar o fator de aceleração: o atual ritmo de desenvolvimento é já em si o de um mundo fantástico. Temos que fazer um esforço de imaginação para compreender que o que para nós é futurologia, para as crianças que nascem hoje, ou para as pessoas que ainda são jovens, será realidade.

No passado, as pessoas não falavam de ficção científica, mas de *utopia*. Ela desempenhava o papel de um modelo social cuja irrealidade era frequentemente aceita. Vivemos agora em um período em que a utopia torna-se realidade e podemos considerar a iminente sociedade informática como uma *utopia realizada*. Naturalmente que, apesar de serem visíveis os aspectos tecnológicos e as maravilhas da automação e da informática, superando a imaginação dos autores das fábulas de *As Mil e Uma Noites*, segue sem resolver o problema da qualidade social da utopia que vamos colocar em prática: qual utopia se realizará?

Felizmente a questão permanece ainda aberta, todavia sem resposta convincente. Sabemos, pelo que já foi discutido neste livro, que em todas as ocasiões – em relação a todos os problemas das consequências sociais da atual revolução industrial (que pode ser caracterizada também como revolução técnico-científica) – nos encontramos diante de possíveis soluções alternativas muitas vezes mutuamente conflitantes; e pudemos concluir que a escolha deve ser feita pelos homens. O futuro não é um destino determinado pelo desenvolvimento da tecnologia, mas obra do homem. No cenário atual vemos o *homo autocreator*, o homem criador do seu próprio destino e que esteve presente durante todo desenvolvimento histórico. Na verdade, ele não pode configurar de modo arbitrário este destino, tem que agir sob condições determinadas e de acordo com elas, mas, apesar disso, é livre para escolher entre as alternativas que lhe são apresentadas. Isto é pouco para os filósofos, que gostariam de que o homem fosse "absolutamente livre" para moldar a sua própria história e para criar seu próprio destino. Esta crença não é mais do que uma ficção, como só a fantasia filosófica pode produzir. Contudo, é muito para aqueles que não concebem o

QUAL UTOPIA SE REALIZARÁ?   **155**

mundo real como se fosse fantasia, mas que consideram que o *homo autocreator* é um ser de carne e osso e que como tal está sujeito a todas as leis da natureza e também do desenvolvimento social. Nada é mais necessário ao homem para tomar as decisões efetivas. A sociedade informática proporcionará os pressupostos para uma vida humana mais feliz; eliminará aquilo que tem sido a principal fonte da má qualidade de vida das massas na ordenação do cotidiano: a miséria ou, pelo menos, a privação. Abrirá possibilidades para a plena autorrealização da personalidade humana, seja liberando o homem do árduo trabalho manual e do monótono e repetitivo trabalho intelectual, seja lhe oferecendo tempo livre necessário e um imenso progresso do conhecimento disponível, suficientes para garantir seu desenvolvimento. Deste modo, o homem receberá tudo o que constitui o fundamento de uma vida mais feliz. Todo o restante dependerá dele, de sua atividade individual e social. Esta última se reveste de uma importância especial e sobre ela concentraremos nossas reflexões finais.

O caráter do indivíduo, seu caráter social e, consequentemente, a forma que molda seu objetivo na vida é sempre um produto social e depende do sistema de valores que a sociedade transmite ao indivíduo. O *homo autocreator* forja seu próprio destino e sua vida, mas o faz apenas enquanto indivíduo *social*, enquanto personalidade produzida socialmente. A sociedade, por seu lado, também não é mais do que uma rede de intrincadas interações criadas pelo homem, simultaneamente condicionadas e condicionantes. O indivíduo humano é o que é por estar vinculado – por sua educação, linguagem, modelos de personalidade, sistema de valores, estereótipos etc. – à sociedade; também está inseparavelmente vinculado a ela pelo papel que desempenha na intrincada rede de relações sociais.

Nesse sentido, o homem é sempre um conjunto de relações sociais; o grande mérito de Marx foi o de perceber e formular esta verdade pela primeira vez. O homem não é, de modo algum, *absolutamente* livre em suas decisões. Não vem ao mundo como uma folha em branco, ao contrário: desde o nosso *nascimento* somos determinados por numerosos e complicados registros de nosso código genético. Em seu desenvolvimento posterior, o homem também será fortemente limitado pelo *código cultural* aceito, como foi corretamente caracterizado por François Jacob. O homem, portanto, não é nenhuma *tabula rasa*: é portador de um duplo código, genético e cultural, e entre ambos se estabelecem complicados entrelaçamentos, assim como relações recíprocas e inclusive conflitos. Nosso *homo autocreator* não é o soberano, não é uma personalidade imaginária "absolutamente livre" que pode atuar arbitrariamente. Parece mais com um monarca constitucional, que é *nominalmente* soberano, mas cujas mãos estão atadas à constituição (no nosso caso por duas constituições). Apesar disso é livre, ainda que o seja apenas no sentido da liberdade enquanto necessidade conhecida, como afirmam certas escolas filosóficas. Compreendendo quais são as limitações de sua liberdade, o homem pode superá-las, ao menos quando a necessidade se apresenta sob a forma de alternativas entre as quais o homem pode escolher. Certamente pode fazê-lo e é a isto que nos referimos na situação que nos interessa aqui. Mas, para poder tornar consciente semelhante escolha, o homem deve saber de sua possibilidade e compreender claramente as consequências de seus atos. Aqui volta a intervir novamente a sociedade como elemento no entrelaçamento orgânico entre "indivíduo e sociedade", a relação com a qual nos deparamos a todo instante.

Obviamente, o homem pode adquirir esta consciência através da própria reflexão, mas isto só ocorre no caso dos indivíduos criativos, e estes casos são raros. Nos casos normais esta consciência é introduzida "de fora". Uma tal atividade pode ser chamada de agitação, de propaganda, no melhor sentido destas duas palavras. E, ao chegar aqui, passamos ao último comentário deste estudo.

Tendo em vista a importância das mudanças que se estão produzindo e que provavelmente se intensificarão nos próximos anos, quando a sociedade informática alcançar a maioridade, podemos compreender a enorme responsabilidade – política e moral – que cerca o dever de introduzir nas mentes humanas a consciência da ação necessária. Esta responsabilidade deve ser assumida por aquelas forças sociais que de um modo ou de outro organizam grandes massas humanas e gozam de sua confiança. Refiro-me aos partidos progressistas, especialmente os partidos operários, aos sindicatos, mas também aos grandes movimentos religiosos que necessariamente se ocupam dos problemas sociais. No entanto, seguimos sem ver um só indício de tal atividade, ainda que já seja tarde e o tempo seja escasso, para utilizar novamente a terminologia do xadrez. Uma louvável exceção

QUAL UTOPIA SE REALIZARÁ?

a este respeito é representada por um documento da Igreja católica, a encíclica *Laborem Exercens* de João Paulo II. Mas para desenvolver esta ação de propaganda tão urgente e necessária, os referidos partidos políticos e movimentos sociais devem compreender e internacionalizar as novas ideias e pôr fim à rotina de sua atividade. Apenas sob esta condição poderão levar a cabo sua tarefa. Caso contrário, o perigo de se tornarem anacrônicos é grande: o vento da história sopra sempre mais tempestivamente.

SOBRE O AUTOR

ADAM SCHAFF nasceu na Polônia em 1913. Estudou na École de Sciences Politiques et Economiques de Paris. Em 1945 doutorou-se em Filosofia. Professor dessa matéria, inicialmente em Lodz, transferiu-se posteriormente para Varsóvia. Membro da Academia Polonesa de Ciências, tornou-se Diretor do Instituto de Filosofia e Sociologia. Mais tarde trabalhou também em Viena.

É autor de vasta bibliografia referente a assuntos de Filosofia e Ciências Humanas. Mais recentemente publicou, entre outros, os seguintes livros: *Die Kommunistische Bewegung am Scheideweg* (1982), *Polen heute* (1984) e *Perspektiven des Modernen Sozialismus* (1988). Em língua portuguesa, podem ser mencionados *Marxismo e Indivíduo* e *História e Verdade.*